Beltz Taschenbuch 73

Über dieses Buch:
Aggressive, unkonzentrierte, laute oder auch extrem uninteressiert wirkende Kinder am Montagmorgen, Kinder, die scheinbar alle Regeln in der Schule oder im Kindergarten vergessen haben, die andere Kinder angreifen, sich unsozial und nicht kooperationsbereit zeigen – Kinder, die unter dem klassischen „Montags-Syndrom" leiden, sind jeder Erzieherin in Kindergarten und Hort und jedem Grundschullehrer vertraut. Wie kommt es zu diesem Phänomen und vor allem: wie geht man damit um? Peter Thiesen beschäftigt sich im ersten Teil seines Buches ausführlich mit Ursachen, Kennzeichen und Auswirkungen des „Montags-Syndroms" und zeigt Handlungsstrategien, wie unter personalen, räumlichen und materialen Aspekten mit dem Montags-Syndrom umgegangen werden kann. Breiten Raum nimmt die Elternarbeit ein, mit vielen konstruktiven Vorschlägen zur Freizeitgestaltung in der Familie. Im zweiten Teil sind über 400 Beschäftigungsangebote zusammengestellt, die dem gesteigerten Aktionsbedürfnis der Kinder Rechnung tragen, aber auch ihrem Wunsch, die Erlebnisse des Wochenendes zu verarbeiten: vom Erzählen und bildnerischen Gestalten bis zu Tobe- und Bewegungsspielen.

Der Autor:
Peter Thiesen, Diplom-Sozialpädagoge, ist Dozent an der Fachschule für Sozialpädagogik in Lübeck. Er hat bereits zahlreiche Bücher zur Spiel- und Sozialpädagogik veröffentlicht und ist Herausgeber und Autor der Reihe „Spielewerkstatt".

Peter Thiesen

Das Montagsbuch

Ein Spiel- und Ideenbuch
für Kindergarten, Schule und Familie

Besuchen Sie uns im Internet:
www.beltz.de

Beltz Taschenbuch 73
2000 Weinheim und Basel

© 1994 Beltz Verlag, Weinheim und Basel
Umschlaggestaltung: Federico Luci, Köln
Umschlagillustration: © Heidi Velten, Leutkirch-Ausnang
Gesamtherstellung: Druckhaus Beltz, Hemsbach
Printed in Germany

ISBN 3 407 22073 1

Inhaltsverzeichnis

Montagsangebote für Kindergarten,
Hort und Grundschule

*Im Leben lernt der Mensch
zuerst gehen und sprechen.
Später lernt er dann still-
zusitzen und den Mund zu halten.*

(MARCEL PAGNOL)

I don't like mondays.
(ENGLISCHER SONGTITEL)

Vorwort

Das Buch beschäftigt sich mit Erscheinungen, die jeder Erzieherin in Kindergarten und Hort und jeder Lehrerin in der Grundschule vertraut sind: aufgedrehte, zappelige, aggressive, schreiende, spiel- und lernunfähige Kinder am Montagmorgen.

Wer in der pädagogischen Fachliteratur nach dem „Montagssyndrom" sucht, findet es höchstens als Schlagwort. Dabei leben die Pädagoginnen mit wöchentlich immer wiederkehrenden Verhaltensweisen der Kinder, kennen in etwa mögliche Ursachen, finden sich jedoch mehr oder minder resigniert damit ab, daß es so ist. Auf den Montag wird mit gemischten Gefühlen reagiert, teils gleichgültig, teils hilflos und nervös.

Erfahrene Erzieherinnen/Lehrerinnen entwickeln eigene „Strategien" oder experimentieren jeden Montag aufs Neue, wie sie diesen oft vermaledeiten Vormittag halbwegs für sich selbst und die Kinder überlebbar machen, wie sie das wieder auffangen, was durch falschverstandene, wenig kindgerechte Freizeitgestaltung am Wochenende ausgelöst wurde. Dem Streß der Langeweile bzw. der Reizüberflutung zu Hause folgt unweigerlich der Streß der Lautstärke und Aggression. Auf „sonntagsgeschädigte" Eltern und Kinder folgen „montagsgeschädigte" Erzieher, Lehrer und Kinder.

Die Situation in Kindergarten Hort und Grundschule ist in den letzten Jahren schwieriger geworden. Gleichzeitig erhöhen sich die Anforderungen an diese Institutionen. Pädagogen erleben täglich die Auswirkungen einer sich für Kinder und Eltern ständig verändernden gesellschaftlichen Entwicklung. Hierzu gehören z. B. wachsender Medienkonsum in der Familie, fehlende Spielräume, eingeschränkte Spiel- und Erlebnismöglichkeiten und zunehmend Kinder, die nur mit einem Elternteil leben.

Die Erzieherin/Lehrerin muß reagieren und handeln können. Das Buch möchte sie dabei unterstützen. Es beschäftigt sich eingehend mit Kennzeichen, Ursachen und Auswirkungen des Montagssyndroms, zeigt Handlungsstrategien auf, bietet konkrete Ansätze für eine verständnisvolle Elternarbeit, macht viele konstruktive Vorschläge zur Freizeitgestaltung in der Familie. Durch eine Fülle praktischer Anregungen — vom Gespräch, über Darstellungs-, Tobe-, Bewegungs- und Interaktionsspiele bis zum bildnerischen Gestalten — versteht sich das Buch als „Handwerkszeug" zur erfolgreichen Gestaltung des Montags, aber auch anderer Tage, an denen mit Kindern scheinbar nichts anzufangen ist.

Das Buch möchte der Erzieherin Wege aufzeigen, problematische Situationen im Tagesablauf zu überdenken, soweit wie möglich und sinnvoll zu entschärfen und eine entspannte Spiel- und Lernatmosphäre zu schaffen. Der Grundschullehrerin bietet das Buch zahlreiche Anregungen, in den ersten beiden Stunden Ihres Montagsunterrichts auf die Bedürfnisse, Gefühle und Probleme ihrer Kinder situativ einzugehen und sie über gezielte Angebote fließend zur aufmerksamen Mitarbeit hinzuführen. Eltern kann das Buch helfen, ihr eigenes Freizeitverhalten innerhalb der Erwachsenen-Kind-Beziehung zu überdenken und sinnvoll zu ändern.

Peter Thiesen

*Das Montagssyndrom
in Kindergarten,
Hort und Grundschule*

1 Kennzeichen

In vielen Kindertagesstätten und Grundschulen sind am Montag die Probleme in den Gruppen und Klassen auffallend groß. Pädagoginnen und Kinder müssen sich wieder aneinander gewöhnen. Ein weiteres Problem ist, daß sich die besondere Situation des Wochenendes nicht in die Einrichtung übertragen läßt.

Am Montag erleben die meisten Erzieherinnen und Grundschullehrerinnen Szenen, bei denen geschrien und mit allen möglichen Gegenständen herumgeballert wird. Die „Helden" schießen aus der Hüfte und versuchen die Mädchen in der Puppenecke „umzulegen", während diese mit Bauklötzen und Puppengeschirr zurückwerfen. Die sich so gebärdenden Kinder sind weder bösartig noch Monster, und die Spiele sind nicht ihre Erfindung. Sie sind der Spiegel unserer Erwachsenenwelt, eines medienintensiven Wochenendes mit wenig Bewegungsmöglichkeiten und falschverstandener Freizeitgestaltung in der Familie.

Unter dem Begriff „Montagssyndrom" (Syndrom (griech.) = „das Zusammenspiel") wollen wir ein häufig auftretendes Bild beschreiben und analysieren, das vorrangig am Montag auftritt und sich aus dem Zusammentreffen verschiedener auffälliger Merkmale ergibt.

Was kennzeichnet die Montagssituation, und welche Verhaltensweisen lassen sich wiederholt beobachten? In einer Befragung in 24 Kindertagesstätten und Grundschulen, die der Autor in der Zeit von August 1990 bis Februar 1991 durchführen ließ, nannten die Pädagoginnen wiederholt folgende Verhaltensweisen von Kindern:

„Streitigkeiten werden oft mit Fäusten und nicht verbal ausgetragen. Besonders ruhige Kinder sind auffallend schüchtern, sind nicht bereit, an einer Aktivität teilzunehmen."   *(Kindergarten-Berufspraktikantin)*

„Am Montag habe ich den Eindruck, daß sich einige Kinder besonders begriffsstutzig geben. Die Regeln von Gesellschafts- Kreis- und Stuhlkreisspielen sind vergessen."   *(Horterzieherin)*

„Die Kinder spielen am Montag oft Fernsehserien nach. Vor allem „He Man". Wenn am Montag Spielzeugtag ist, bringen sie auch gleich ihre „He Man"- und „Ghostbuster"-Figuren mit."

(Erzieherin im Kindergarten)

„Oft kommt es vor, daß die Kinder am Montag Szenen von zu Hause nachspielen; z. B. sagte ein Kind zu seiner Schwester „Komm', wir spielen Streit". Meist werden dann negative Szenen nachgespielt."

(Praktikantin einer Kindertagesstätte)

„Viele Kinder sind am Montag nicht kompromißbereit. Bei der Spielzeugabgabe beharrten sie immer auf ihren Sachen. Es lief fast immer darauf hinaus, daß ich die Kinder voneinander trennen und anderweitig beschäftigt habe. Ich vermute, daß die Kinder am Wochenende alles bekamen, was sie wollten, und so keine Kompromisse eingehen mußten."

(Erzieherin im Kindergarten)

„Manche Kinder haben am Montag ein auffallend großes Spielbedürfnis, als müßten sie lange Entbehrtes nachholen. Deshalb ist am Montag die Turnhalle immer ein beliebter Aufenthaltsraum." *(Horterzieherin)*

„Am Montag kann ich nur mit einem geringen Teil der Klasse in den ersten beiden Stunden etwas anfangen. Wir lassen auch grundsätzlich keine Arbeiten am Montag schreiben." *(Grundschullehrerin)*

„Mir fällt am Montag vermehrt auf, daß die Kinder mit ihren Spielzeugen, gleich ob Flugzeug, Auto oder Legohaus, schrill schreiend durch die Gegend laufen." *(Berufspraktikantin/Kindergarten)*

„Die Hausaufgaben dauern am Montag bei einer ganzen Reihe Kinder wesentlich länger als sonst. Ich habe auch den Eindruck, daß die Montagssituation bei der Vergabe der Hausaufgaben mehr berücksichtigt werden müßte." *(Horterzieherin)*

„Die Kinder gehen unachtsamer mit dem Spielzeug um. Spielfiguren werden nicht wieder einsortiert, Puzzleteile liegen auf dem Boden, auf die dann nochmals absichtlich draufgetreten wird. Bei einigen Kindern zeigt sich am Montag extreme Zerstörungswut. Die Aktivitäten beschränken sich auf Dinge, die Krach machen." *(Erzieherin im Kindergarten)*

„Die Mädchen erzählen im Gegensatz zu den Jungen gerne über ihre Erlebnisse vom Wochenende." *(Horterzieherin)*

„Wer sich am Montag nicht mit dem Fernsehprogramm des Wochenendes auskennt, wird auch schon von Mitschülern gehänselt. „Der guckt ja wie J. R.. Null Ahnung!" rufen bereits 7jährige einem Mitschüler nach und laufen prustend und kichernd davon." *(Grundschullehrerin)*

„Nicht zu halten sind die Kinder, wenn ein Wochenende mit schlechtem Wetter vorausgegangen ist. Dann werden selbst Spiele, wie z. B. das Hammerspiel, zu Kraftspielen gemacht. Die Kinder können mit einem Holzhammer und Nägeln kleine Holzplättchen auf eine Korkplatte nageln. Dies geschah so laut und kraftvoll, daß dieses Spiel abgebrochen werden mußte." *(Erzieherin im Kindergarten)*

„Ich beobachte am Montag wiederholt, daß die Kinder schon früher ein Hungergefühl haben als an den nachfolgenden Tagen. Gewöhnlich wird um 10.00 Uhr gefrühstückt. Am Montag kommen schon gegen 8.45 Uhr die ersten Fragen nach dem Frühstück." *(Kindergarten-Praktikantin)*

Fassen wir die am häufigsten auftretenden Kennzeichen des Montagssyndroms zusammen, so lassen sich nennen:
— Übersteigerte Aggressivität/Streitsucht (ohnehin aggressive Kinder sind noch aggressiver);
— mangelndes soziales Verhalten;
— übersteigerte Fröhlichkeit, z. T. gepaart mit Distanzlosigkeit;
— Sich-auf-den-Boden-werfen;
— Lautstärke, Lärm, extreme Unruhe, gleichzeitig geben sich einige Kinder überaus lärmempfindlich;
— Unkonzentriertheit, unbeständig, fahrig, zappelig, Clownerien;
— Kinder sind sehr müde, klammern sich an die Erzieherin;
— gehäuftes Daumenlutschen, Nägelkauen, Wippeln mit den Stühlen, Fallen vom Stuhl;
— Passivität, Unselbständigkeit;
— Überreizungen, Kinder haben kein „Sitzfleisch", laufen ruhelos umher, fingern ständig an Dingen und Gegenständen im Raum herum;
— Aufgaben und Spiele werden halbfertig liegengelassen;

– Kinder klagen über Kopfschmerzen, z. T. über Appetitlosigkeit;
– Gefühlsabstumpfung;
– Quengeleien, Kinder machen Umgebung und Erzieherin/Lehrerin „mürbe".

Die mehr oder minder stark auftretenden Verhaltensweisen können sich aktiv oder passiv-destruktiv äußern.

Als Streßsignale bzw. -kennzeichen bei Kindern kann die Pädagogin folgende Verhaltensweisen, Angewohnheiten und Stimmungsänderungen beobachten:

a) Verhalten	b) Angewohnheiten	c) Stimmungsänderungen
– Aggression	– Nägelkauen	– Ängste
– Hektik	– Zähneknirschen	– häufiger Ärger
– Gefühlsausbrüche	– mit den Füßen	– Hilflosigkeit
– Überreaktionen	scharren und	– Gereiztheit
– lautes Reden,	wippen	– Ungeduld
Schreien	– mit dem Haar,	– Unruhe
	den Ohren oder	
	der Nase	
	spielen	
	– auf den Lippen	
	kauen	
	– Faust ballen	

Das Wochenende als „streßauslösendes Moment" entsteht bei Kindern z. B. durch einen übermäßigen Zeit- und Leistungsdruck (Verplanung des Kindes), durch psychische Belastungen, Angst und Furcht, Streit und Kummer in der Familie (vermehrt erlebte Spannungen zwischen den Eltern), durch Reizüberflutung (Medien) und durch Langeweile (fehlende Anregungen, mangelnde Spiel- und Bewegungsmöglichkeiten).

Auf den nächsten Seiten wollen wir uns näher mit den Ursachen des Montagssyndroms auseinandersetzen.

Meine zweimal geplatzte Haut

Ich könnte platzen.
Aus allen Nähten könnte ich platzen
vor Wut.
Meine Hände zittern.
Meine Stimme bebt.
Meine Haut tut mir weh von soviel Wut.
Ich fühle mich krank in meiner Haut,
weil du so bös zu mir warst.

Ich könnte platzen.
Aus allen Nähten könnte ich platzen
vor Lust.
Meine Hände winken.
Meine Stimme lacht.
Mein Bauch gluckert von soviel Lust.
Ich fühle mich wohl in meiner Haut,
weil du so lieb zu mir warst.

(HANNA HANISCH 1986)

2 Ursachen und Wirkungen

Manches Verhalten der Kinder am Montagmorgen bestärkt die Päd-agoginnen in ihrer Vermutung, das Fernsehen trage die Schuld am unkonzentrierten, wilden und aggressiven Spiel der Kinder, bei dem „geballert", „gekämpft" und geschrien wird. Es ist nicht das Fernsehen allein, sondern in vielen Fällen die Wochenendsituation in den Familien, die Kinder wie Eltern gleichermaßen zu „Sonntags- bzw. Wochenendgeschädigten" machen. Hinzu kommen eine Reihe weiterer Faktoren und Ursachen, die maßgeblich am Montagssyndrom beteiligt sind. Sie sollen in diesem Kapitel näher beleuchtet werden.

Fernsehen und Video als dritter Elternteil

Heute ist eine Kindheit ohne Medien nicht mehr vorstellbar. Fernsehen, Video, Radio, Kassetten, Schallplatten, Disc und Walkmann gehören fast schon zur „natürlichen" multimedialen Umwelt des Kindes und sind fester Bestandteil seines Alltags. Der Fernsehapparat ist wie ein dritter Elternteil, „Babysitter", „Ersatzoma", und „Erziehungsmaschine", die in erster Linie ablenkend wirkt, überall ein Wörtchen mitredet, mal unterstützt, was die Eltern sagen, dann aber auch häufig entgegenwirkt. Der Fernsehapparat gilt in vielen Familien als beliebtes elektronisches Erziehungs- und Disziplinierungsmittel. So wird bei Ermahnung zum Gehorsam gern mit Fernsehentzug gedroht. Zudem dient die Fernsehzeit der Kinder als bequeme Möglichkeit, zumindest eine Zeitlang von den „Quälgeistern", ihren Fragen und Problemen Ruhe zu haben. Eine Erzieher-Praktikantin schrieb in einem Bericht, ihr sei gerade am Montag immer wieder bewußt geworden, daß in vielen Familien der Fernseher das eigentliche „Familienoberhaupt" sei. An einem Beispiel aus der Praxis wird deutlich, wie stark sich die Kinder am falschen Modellverhalten ihrer Eltern orientieren. „Freitags schließt unser Hort", so eine Erzieherin, „um

14.00 Uhr. Normalerweise ist es üblich, daß die Kinder dann nach Hause gehen. Einige unserer Kinder haben bei ihren Eltern durchgesetzt, schon um 13.30 Uhr gehen zu dürfen, damit sie um 14.05 Uhr die Serie „Ghostbusters" sehen können, die sie um keinen Preis missen wollen."

Neil Postman äußert in seinem Buch „Das Verschwinden der Kindheit" die Befürchtung, daß durch die neuen Technologien vom Fernseher über Video und Kleincomputer bis zur elektronischen Musik, Kindern in großem Umfang Erwachsenenwissen ausgehändigt wird. Er sieht in diesem Prozeß, den er als Verschwinden der Kindheit bezeichnet, ausschließlich Verlust. Postmann kommt zu diesem Urteil, weil er die Hauptursache für diese Veränderungen im oberflächlichen Fernsehen und in der sich ausweitenden Zerstreuungsindustrie ortet. Nach seiner Auffassung zerstört das Fernsehen den Schonraum Kindheit, weil es die Jüngsten schon mit dem Wissen und der Gewalt der Erwachsenen belaste und alle Geheimnisse bräche.

Postmans 1983 veröffentlichte Thesen haben sich auf dem Hintergrund der Fernsehberichterstattung über den Golf-Krieg in besonderer Weise bewahrheitet. Nie zuvor in der Geschichte konnten Kinder wie Erwachsene „Krieg live" rund um die Uhr im Fernsehen erleben. Es war fast unmöglich, Kinder, gleich in welchem Alter, nicht mit Schreckensmeldungen vom Golf in Berührung kommen zu lassen. Durch tägliche Fernsehreportagen wurde der Krieg direkt ins Heim gebracht. Was Hollywood-Star Tom Cruise in Filmen spielte, passierte im Januar und Februar 1991 wirklich. In den USA wurden spezielle Beratungsstellen an Kindergärten und Schulen eröffnet, um Kindern zu helfen, mit den für sie ganz neuen Ereignissen fertig zu werden. Auch in Deutschland beobachteten Eltern, Pädagogen und Kinderärzte mit der Verschärfung der Krise deutliche Reaktionen auf das Geschehen bei Kindergarten- und Schulkindern. Die Kinder erhielten Informationen über diesen Krieg, die z. B. dazu führten, daß manche ihre Angst unruhig und aggressiv nach außen wendeten, andere wiederum auf ihren Gefühlen sitzen blieben und sich gefühlsmäßig „tot" stellten. Die verstärkte Dauerberieselung mit Kriegsberichten, die Furcht, daß die Raketen aus dem Fernseher auch das eigene Haus treffen könnten, die Identifikation mit Einzelschicksalen, z. B. mit den ölverschmutzten Vögeln, lösten bei Kindern Schlafstörungen und akute Angstreaktionen besonders nach intensiven Fernsehwochenenden aus. Die Nutzung des Fernsehens für Kinder findet fast ausschließlich in der Familie statt, zu einem sehr geringen Teil im Freundeskreis — in Kindergarten, Hort und Grundschule so gut wie gar nicht. Die Fernsehzeit von Vor- und Grundschulkindern, deren Eltern über Kabelanschluß und Satellitenschüssel auf dem Dach verfügen, verdoppelt sich. Während Kinder in den nicht-verkabelten Haushalten zwischen 18.00 Uhr und 19.30 Uhr vor dem „Kasten" sitzen, beginnen die „Kabelkinder" schon eine Stunde früher und beenden den Fernsehabend in der Regel auch später. Kabelkinder sind noch mehr als ihre Altersgenossen durch das „von Programm zu Programm springen" mit pausenlosen Kurzfristreizen konfrontiert. Außer den Vorabendsendungen wie „Sesamstraße", „Hallo Spencer" und die „Sendung mit der Maus" in den Dritten Fernsehprogrammen, gibt es bei ARD und ZDF lediglich Werberahmenprogramme. So ist es wenig erstaunlich, daß gerade Werbesendungen bei Kindern einen großen Zuschauerkreis finden.

Die Mediennutzung ist bei Kindern wie Erwachsenen auch situationsabhängig. Welche Kinder langweilen sich nicht, wenn es längere Zeit regnet oder es zu kalt ist, draußen zu spielen? Dann wenden sie sich gern den Medien Fernsehen und Video zu. Nach neueren Untersuchungen befassen sich etwa 50 Prozent aller Kinder in den frühen Abendstunden oder später mit dem Fernsehen, wobei die „Viel-Seher" am Wochenende zunehmen. Dies gilt besonders dann, wenn die Familie über einen Videorecorder verfügt.

Welche Wirkungen hat das Fernsehen bei Kindergarten- und Grundschulkindern?

Die Fülle von Bild- und Textinformationen ist für Kinder schwer zu verarbeiten. Die schnelle Folge der Fernsehbilder, die Hektik und Rhythmik des Tones und das Nichtverstehen von Sendungsinhalten tragen bei intensivem Fernsehkonsum wesentlich zur Nervosität, Überreiztheit und somit zum Konzentrationsmangel der Kinder bei. Viele Fernsehsendungen strapazieren die Erlebnisfähigkeit der Kinder so intensiv, daß sie bereits während der Sendung auf ihrem Platz herumrutschen, aufspringen, herumzappeln oder die Hände vors Gesicht halten. Längeres Fernsehen bewirkt somit bei den Kindern einen Bewegungs- und Erlebnisstau, der sich in aufgedrehtem Verhalten und verstärktem Bewegungsdrang nach der Sendung äußert. Sehr langes Fernsehen führt, unabhängig von den Inhalten, zu langer körperlicher Inaktivität und verkürzter Schlafdauer. Der Fernseher als „Ein-Weg-Kommunikator" bringt die Kinder ständig in einen Zwiespalt: miterleben, ohne mitmachen zu dürfen. Kinder werden vor allem durch die Gefühlseindrücke, die das Fernsehen vermittelt, gefangengenommen. Dem einzelnen Kind bleibt meist nicht die Zeit, eigene

Kinder erleben Krieg „live" im TV

"Ich bin froh, daß der Krieg nicht bei uns passiert", sagt ein Grundschüler. "Ich will keinen Krieg – es ist wirklich schlimm."

Zeitungsüberschrift zum Golfkrieg (Februar 1991)

„Montagsbilder" von Grundschülern (Februar 1991): Raketen, Bomben, Düsenjäger, Soldaten, Kanonen und Gasmasken

23

Gefühle, Gedanken und Erlebnisse in die Geschichte einzubringen, was jedoch eine wichtige Voraussetzung ist, um Filme besser verstehen und verarbeiten zu können. Nach Auffassung des Filmemachers Thomas Draeger können Kinder durch die häufige Abfolge von „Fast-Food-Filmen" aus ihrer Gefangenheit in Gefühlseindrücken über längere Zeit nicht herauskommen (Medien Concret 2/1988, S. 52).

Bei Vorschulkindern ist die Aufmerksamkeitsspanne noch sehr kurz. Etwa erst vom 6. Lebensjahr an können sich Kinder auf ein bestimmtes Geschehen konzentrieren. Kindergartenkinder können oft noch nicht zwischen Phantasie und Realität unterscheiden. Sie besitzen noch kein entsprechendes Gefühl, um Zeitabläufe und Zeitdauer, also die „Sprache" des Fernsehens, richtig zu verstehen.

Verhaltensauffällige Kinder sind in doppelter Hinsicht den Problemen eines falsch gestalteten Wochenendes ausgeliefert. Das übersensible Kind ist leicht zu beeindrucken und entsprechend leicht erregbar. Es wird durch unkontrollierte Fernsehsendungen sehr stark und nachhaltig beeinflußt. Überempfindlichkeit führt auch zu entsprechend stärkeren Reaktionen. Geringste Widerstände können Wutausbrüche auslösen.

Jedes Kind ist mehr oder weniger labil und auch mehr oder weniger unruhig. Das auffallend labile Kind kann nicht ruhig bei einer Sache bleiben. Es fällt von einem Extrem ins andere, kann sich nicht konzentrieren, ist fahrig und besitzt sehr wenig Ausdauer.

Grundsätzlich ist festzuhalten, daß Fernsehen allein nicht „krank" macht. Schädlich sind immer die Auswirkungen von Übertreibungen, die nur mittelbar mit dem Fernsehen zusammenhängen und in erster Linie vom Modellverhalten des Erwachsenen ausgehen. Ein Übermaß an Fernseh- und Videokonsum macht passiv und träge. Als „Medium der totalen Enthüllung", so Neil Postman, beseitigt das Fernsehen alle Geheimnisse, betäubt das Denken und bringt die Kindheit zum Verschwinden. Der „Mitbewohner mit dem viereckigen Auge" läßt Gespräche verebben, und macht Kinder wie Eltern langfristig zu Dauerparkern vor dem Glotzophon.

Was die Wirkung medialer Gewaltdarstellungen anbetrifft, so kann das Fernsehen durch Lernen am Modell sicher vorhandene Aggressionsneigungen verstärken. Es ist jedoch nicht die einzige entscheidende Ursache. Fehlverhalten der Eltern, nichtpartnerschaftliches Umgehen in der Familie, enge Wohnungen, fehlende Spielplätze und mangelnde Spielmöglichkeiten sind mitverantwortlich für das Entstehen aggressiver Gefühle.

24

Cowboys

nein ich will nicht
schon wieder tot sein
das ist mir zu blöd
so immer auf
den kalten Steinen
und überhaupt geh' ich
jetzt erst mal mittag-
essen und nacher
stirbst Du mal.

JOACHIM BÄSSMANN*

---

* Aus: Gedichte für Anfänger. Hrsg. von Joachim Fuhrmann. Reinbek 1980

Familiäre Verhaltensweisen
und negative Erwachsenenvorbilder

Neben Fernsehen und Video als Auslöser „exzessiver Montagsmorde" in Kindergarten, Hort und Grundschule, können aggressive Gewaltspiele auch ein Ausdrucksmittel für erlebte Streitigkeiten, Strafen, aggressives Autofahren des Vaters, Zank in der Familie u. ä. sein. Spielzeugwaffen lediglich zu verbieten, und sei es die aus Nopper- oder Legosteinen zusammengebaute „Laserpistole", hat wenig Sinn. Eine „Erziehung zum friedlichen Miteinander" muß im täglichen Miteinander in der Familie, in Kindergarten, Hort und Lebensumwelt des Kindes praktiziert werden. Wo dies geschieht, sind Wünsche am Spiel mit Waffen nur eine schnell vorübergehende Attraktion ohne weitgehende Folgen.

*Welche familiären Verhaltensweisen und negativen Erwachsenen-
vorbilder begünstigen das Montagssyndrom?*

Sehr oft bestehen zu hohe Erwartungen aller an das Wochenende: Erwartungen an die Mutter (Hausfrau, Berufstätige, Geliebte, Liebende, Ansprech- und Spielpartnerin . . .), Erwartungen an den Vater (Spielpartner, „Wochenendhandwerker", Ansprech- und Spielpartner, Liebender . . .), Erwartungen an die Kinder (nicht zu sehr stören, Eltern nicht „auffressen" bzw. zu sehr vereinnahmen . . .). Die Nichterfüllung führt zu Frustrationen bei allen Beteiligten.
Eine Reihe natürlicher Bedürfnisse des Kindes, wie z. B. das nach Bewegung, geraten gerade am Wochenende in Konflikt mit den Forderungen der Eltern, die endlich einmal ihre Ruhe haben wollen. Triebregungen, Bedürfnisse und Wünsche des Kindes werden häufig nicht ernst genommen und auch nicht als notwendig anerkannt. Ist das Verhalten des Kindes den Eltern unbequem oder unangenehm, so werden die Bedürfnisse des Kindes eingeschränkt bzw. unterdrückt. Es muß Verbote hinnehmen, verdrängen und psychische Konflikte aushalten, die jeweils mehr oder weniger gut verarbeitet werden.
„Verständigkeit" wird man z. B. bei einem 4jährigen schwer erwarten können, wenn er nach einiger Zeit stiller Beschäftigung unruhig hin- und herrutscht und dann fast ziellos von einem Zimmer durchs andere läuft, springt oder klettert. Dies hat weniger etwas mit motorischer Unruhe zu tun, vielmehr ist es ein Ausdruck des natürlichen kindlichen Bewegungsdrangs. Kinder, die sich aggressiv verhalten, fühlen sich unwohl in ihrer Haut. Sie wissen sich eben nicht anders zu helfen. Oft fühlen sich aggressive Kinder in ihren Rechten nicht respektiert und vernachlässigt.

Nicht selten benutzen Eltern ihre Kinder gerade am Wochenende, um mit ihren eigenen Problemen fertig zu werden, um unbefriedigte Bedürfnisse durch sie auszugleichen und um Konflikte, die sich außerhalb der Familie entwickeln, innerhalb der Familie abzureagieren. Meist sind diese Vorgänge den Eltern nicht bewußt und deshalb auch nicht von ihnen kontrollierbar. Humanes, partnerschaftliches Zusammenleben macht das gesunde Klima nicht nur am Wochenende, sondern generell in der Familie aus. Das Kind soll sich zu Hause wohlfühlen, besonders, wenn alle Familienmitglieder zusammen sind. Wenn ihm nicht ständig befohlen wird, was es tun und lassen soll, wird es in Zukunft besser über sich selbst bestimmen können und etwas mit sich anzufangen wissen. Das Kind muß mitbestimmen können, was es spielen und mit wem es spielen möchte. Nicht eine kleinliche, aber doch eine spürbare Ordnung und eine gutgelaunte Grundstimmung geben dem Kind zu Hause wie in Kindergarten, Hort und Grundschule Orientierung und das Gefühl der Geborgenheit. Um nicht den Eindruck der Unfehlbarkeit zu erwecken, müssen wir als Erwachsene eigene Fehler eingestehen. Kinder erleben dann die eigenen Schwächen und Fehler nicht als Zeichen einer Minderwertigkeit im Vergleich zum Erwachsenen.

Schon aufgrund seiner kleineren Statur und seiner geringen Erfahrungen, wird das Kind dem Erwachsenen gegenüber Gefühle der Ohnmacht erleben. Werden diese durch entsprechendes Verhalten von seiten des Erwachsenen noch gesteigert, kann aggressives Verhalten folgen. Die Vermutung liegt nahe, daß Kinder auch deshalb so gerne zur „Pistole" und anderen „Waffen" greifen bzw. Gewaltszenen nachspielen, die sie im Fernsehen beobachten konnten. Kinder sehen hierin of die einzige Möglichkeit, wenigstens in der Vorstellung den Erwachsenen zu beherrschen. Diese Formen aggressiven Verhaltens sind nicht allein Ausdruck des Destruktiven, der Lust am Zerstören, sie haben auch eine wichtige Hinweisfunktion für den Erwachsenen. Nicht selten findet gerade zum Wochenende eine Überbehütung des Kindes statt, wenn der Erwachsene zu stark in die Spielaktivitäten des Kindes eingreift. Das zu häufige Eingreifen kann das Kind empfindlich in seiner Entfaltung stören und aufgrund dieser häufigen, von ihm als Behinderung erlebten Eingriffe in sein Tun aggressiv reagieren lassen. Manche Eltern interpretieren dieses wiederum als Undank des Kindes, und es setzt sich ein Teufelskreis der Mißverständnisse in Gang. Auch Verwöhnung führt zu Konflikten. Verwöhnte Kinder sind in der Regel unzufrieden, ungeduldig und freudlos. Erzieherinnen erleben ältere verwöhnte Kinder als auffallend frech. Verhalten sich Eltern ihrem Kind gegenüber lieblos, so bekommt es nur Aufmerksamkeit, wenn es sich schlecht benimmt. Übermäßige Liebe, Verzärtelung und Gefühlsüberschwang führt zu verstärkten Bindung an den Erwachsenen. Sie machen

Kindliche Grundbedürfnisse

Die Grafik verdeutlicht die kindlichen Grundbedürfnisse und gibt
Auskunft darüber, was Kinder unter normalen Umständen — also
auch am Wochenende — wollen:

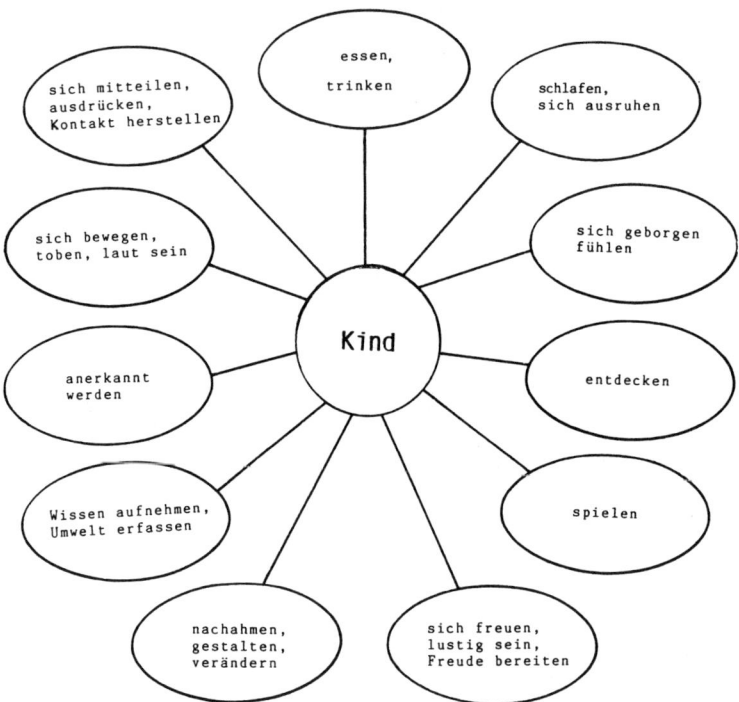

Mehrere der genannten kindlichen Grundbedürfnisse stoßen gerade
am Wochenende bei Eltern auf Grenzen.
Das sicherlich legitime Bedürfnis der Erwachsenen, sich am Wochenende zu erholen, abzuschalten, „Harmonie" zu erleben, im Sinne
von „Ruhe haben", kollidiert mit den Grundbedürfnissen der Kinder.

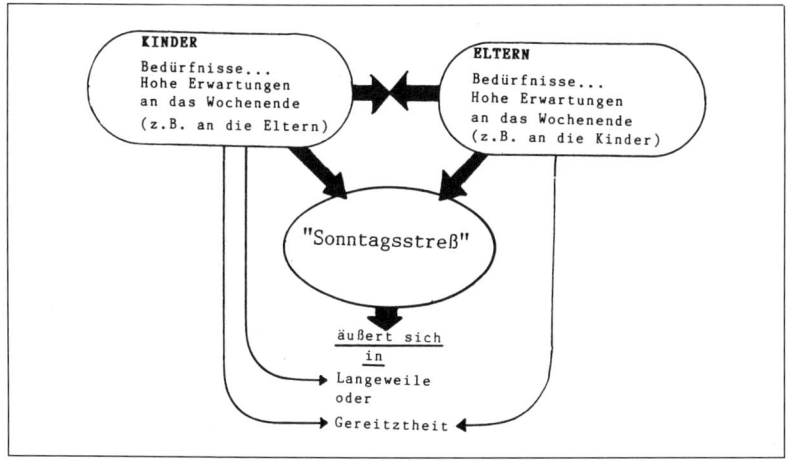

das Kind abhängig und rufen Konflikte hervor. Das Kind beansprucht Liebe durch sein bloßes Dasein, ohne durch Leistungen Anerkennung zu finden.

Gerade am Wochenende besteht die Tendenz, Kinder zu Marionetten zu machen, die den Vorstellungen des Erwachsenen entsprechen. Die Kinder werden in Rollen gedrängt, die sie gar nicht übernehmen wollen. Eine weitere Ursache für das überdrehte Verhalten am Montag sind Eltern, die die Freizeit ihrer Kinder soweit verplanen, daß sie neben Ballett, Musikunterricht, Spielkreis, Sportverein und anderem mehr nur noch wenig Zeit für selbstbestimmte Freiräume haben. Ehrgeizige und auch rastlose Eltern überschütten ihre Kinder mit Angeboten und Aktivitäten während der Woche und am Wochenende. Diese Kinder haben „keine Zeit" oder besser gesagt, der „Terminkalender" läßt ihnen kaum freie Zeit zum Spielen und Kindsein. Überforderung und zu große Leistungserwartungen führen zu aggressiven Reaktionen. Als Erwachsene verlangen wir von Kindern oft etwas, wozu sie aufgrund ihrer Entwicklung noch nicht in der Lage sind, z. B. Stillsitzen, Nicht-Dazwischen-Reden, Leise-sein. Auch hieraus ergeben sich Konflikte, die am Montagmorgen von der Erzieherin als Aggression erlebt werden. In vielen Familien lassen sich Mußestörungen beobachten. Gemeint ist damit die mangelnde Fähigkeit, sich in der Familie zu entspannen, zu spielen, phantasievoll und schöpferisch tätig zu sein.

Hierzu gehören auch verminderte Kontakt- und Kommunikationsfähigkeit und Bequemlichkeit.

Das Gefühl der Langeweile, z. B. ausgelöst durch mangelnde Anreize und ständige Unterforderung, wird von Kindern in der Regel mit einem Übermaß an Bewegung und Geschwindigkeit überspielt. Je mehr Langeweile, desto mehr Getriebensein und Bewegungsdrang. Langeweile wiederum führt zu Konsumverhalten, das durch vermehrtes Fernsehen und Video am Wochenende scheinbar befriedigt wird. Der vorgekaute Wirbel, das Erleben aus zweiter Hand durch die Mattscheibe vernebelt jedoch nur die innere Leere und macht das Kind zum Anhängsel des Apparates.

Mangelnde Beachtung, das „Übersehen" positiver Fähigkeiten und Fertigkeiten des Kindes und ein Zuwenig an Bestätigung führen zu Frustrationen, die sich langfristig in einem gestörten Selbstwertgefühl des Kindes ausdrükken können.

Ein immer wichtiger werdender Teilaspekt des Montagssyndroms ist die Tatsache, daß heute in Kindergärten, Horten und Schulen zunehmend Kinder anzutreffen sind, die mit einem alleinerziehenden Elternteil zusammenleben. Von der Belastung her legen Alleinerziehende häusliche Aufgaben besondes auf das Wochenende und haben somit weniger Zeit, sich intensiver mit ihren Kindern zu beschäftigen.

Freizeit ist das neue Lebensideal der 90er Jahre. Das Immermehr an arbeitsfreier Zeit geht mit einem Kardinalproblem einher: Die Moden wechseln schnell, und es gibt mehr Konsumgüter und Freizeitangebote als Zeit, um sie zu genießen und wahrzunehmen. So wächst in vielen Familien das dumpfe Gefühl, ständig etwas zu verpassen. Trotz sinkender Arbeitszeit bleibt daher der dauernde Wunsch, mehr Zeit für sich und seine Kinder zu haben. Gleichzeitig fehlt vielen Eltern am Wochenende selbst der Anreiz, etwas zu unternehmen.

Will man den Freizeitforschern glauben, so suchen die Deutschen in den letzten Jahren dieses Jahrtausends mehr Bewußtsein im familiären Zusammenleben und mehr Geborgenheit als elektronische Dauerberieselung. Eine Perspektive, die hoffen läßt, jedoch mit der heutigen Realität noch lange nicht übereinstimmt.

Fehlende „Biotope" für Kinder – Vom „Zankapfel" Kinderzimmer bis zum Schulhof im „Kasernenlook"

Die Praxis zeigt immer wieder, wie wichtig es ist, Kindern zu gegebener Zeit, und dies gilt insbesondere für das Wochenende, Freiräume für ihre grobmotorischen Bedürfnisse zu gewähren. Kinder können Aggressionen besser mit ihren Körpern loswerden als mit Worten. Wo Möglichkeiten zum

Austoben bestehen, wird dazu beigetragen, daß aggressives Verhalten in vielen Situationen nicht mehr entsteht, wenn z. B. für eine gewisse Zeit Stillsitzen und Konzentration verlangt wurden, wie beim Zuhören im Gespräch oder bei einer Bastelbeschäftigung.

Kinder brauchen breite „Spiel"-Räume zu Hause und in ihrer unmittelbaren Lebensumwelt. Heute sind Kindergärten einige der wenigen „Biotope", in denen die bedrohte „Art" der Kinder überleben kann.

In vielen Familien sind Kinderzimmer ein besonderer Zankapfel am Wochenende. Hinsichtlich der Ordnung in diesem Raum gibt es unterschiedliche Interessen und Ansichten von Eltern und Kindern. „Wie sieht es denn hier wieder aus? Räumt endlich auf!", sind häufige Appelle, denen in der Regel nur ungern oder gar nicht gefolgt wird. Viele Kinderzimmer sind so eingerichtet, daß Kinder auch tun können, was ihnen Spaß macht. Stoff für (Wochenend-)Konflikte bringt stets die Tatsache, daß es Eltern schwerfällt, den Kindern ihr Zimmer als „eigenes Reich" zu überlassen. Dies würde bedeuten, auch den Geschmack und die Ordnungsvorstellungen der Kinder weitgehend anzuerkennen, ohne sich ständig dafür verantwortlich zu fühlen.

Je kinderfreundlicher die Wohnung und das unmittelbare Wohnumfeld sind, um so weniger wenden sich Kinder Fernsehen und Video zu. Auch in kleineren Wohnungen brauchen Kinder einen festen Platz zum Spielen. Sie müssen sich auch im Wohnzimmer bewegen dürfen, wenn sie die Nähe der Eltern spüren möchten. Auch am Wochenende muß das Kind so lange spielen dürfen, wie es möchte. Der Erwachsene sollte das Spiel möglichst nicht unterbrechen und sich nur einschalten, wenn das Kind danach verlangt. Manchmal fordert das Kind den Erwachsenen geradezu auf, Spielgefährte zu sein. Eltern können wir nur immer wieder bewußt machen, daß es nicht auf die Quantität der Zeit ankommt, die sie mit ihrem Kind verbringen, sondern auf die Qualität. Das räumliche und soziale Lebensumfeld heutiger, in erster Linie jüngerer Familien hat sich verändert. Somit hat sich auch der Kinderalltag verändert, der zunehmend in „inselartigen Lebensräumen" wie elterlicher Wohnung, Kindergarten, Hort, Schule und öffentlichem Spielplatz stattfindet.

In Neubaugebieten bewohnen Familien mit mehreren Kindern oft relativ kleine, hellhörige Wohnungen. Bedingt durch Geräusche aus der Nachbarschaft und fehlende Spielflächen gibt es für Kinder so gut wie keine Rückzugsmöglichkeiten. Die Wohnsituation wirkt sich wiederum auf die Erziehungspraktiken der Eltern negativ aus. Einschränkungen, Verbote und Strafen der Erwachsenen richten sich oft gegen das Bedürfnis von Kindern nach Aktivität und intensiver, vielfältiger Auseinandersetzung mit der Umwelt. Mit dem Ausleben-Wollen ihrer scheinbar grenzenlosen

Energie tun Kinder also genau das Gegenteil von dem, was sich Erwachsene unter (Wochenend-)Frieden und Ruhe vorstellen und auch in Form von Schildern auf Schul-, Spiel- und Rasenflächen, vor Wohnanlagen und Hauseingängen aufstellen.

Der Ersatz für ein anregungsarmes Umfeld findet sich wiederum im hohen Konsum von Fernsehen, Video- und Hörkassetten wieder. Bezeichnend hierfür ist die auffallend starke Ansiedlung von Videotheken innerhalb der Wohnballungsgebiete in den letzten Jahren.

Vor der Fernseh-Ära verbrachten Kinder wesentlich mehr Zeit im Freien. Der Gedanke daran, daß Kinder — stundenlang Süßigkeiten naschend — vor dem häuslichen Fernseher besser aufgehoben sind als auf Straßen und Spielplätzen, ist makabre Realität. Jüngste pädagogische, psychologische und medizinische Untersuchungen weisen auf den Mangel an Bewegungsmöglichkeiten im Kindergartenalter hin. Bei einer Untersuchung von Großstadtkindern wurde festgestellt, daß etwa die Hälfte der 10jährigen Jungen und ein Drittel der gleichaltrigen Mädchen „insgesamt motorisch unruhig" waren. Bei Kindergarten- wie Grundschulkindern wurden in diesem Zusammenhang Haltungsschwächen und mangelnde Konzentrationsfähigkeit diagnostiziert.

Die Entscheidung von Eltern, ihre Kinder im Freien spielen zu lassen, hängt von mehreren Umständen ab, z. B. ob die Spielzone an einer verkehrsreichen Straße liegt, der Bewegungsraum genügend Schutz für Kinder bietet und Straßen zum Spielort überwunden werden müssen. Kinder brauchen Zeit, Räume, Plätze und Partner zum Leben, Spielen und Lernen. Anlaß zur berechtigten Kritik bieten immer wieder die öffentlichen, größtenteils langweiligen und sich in desolatem Zustand befindenden Spielplätze. Sie sind nur ein spärlicher Ersatz für die verkauften Spielräume in der Stadt, ein letztes Reservat für Kinderspiel im Freien zur Beruhigung der Eltern, der Planer und Politiker.

Spielplätze sollen zu aktivem Spiel anregen. Das können sie jedoch nur, wenn sie abwechslungsreich gestaltet sind, also genügend Aktivitäten ermöglichen. Die meisten Spielplätze sind mit einem Standardprogramm, bestehend aus Sandkasten, Schaukel, Rutsche und Wippe ausgestattet und z. T. mit einem Klettergerüst ergänzt. Der Spielwert der Geräte ist fraglich. Sie bieten wenig Anreiz, sind nicht kreativitätsfördernd und lassen wenig sozialen Kontakt zu den Spielpartnern zu. Schon nach kurzer Zeit werden die Spielgeräte langweilig, weil sie nur auf eine Bewegungsart ausgerichtet sind und meist nur von einem Kind zur gleichen Zeit benutzt werden können. Auf den meisten konventionellen Spielplätzen kommt es zu einer Ich-Einschränkung. Es gibt Streit um die Benutzung der Geräte mit Gleichaltrigen. Das Kind erlebt den Spielplatz als Konfliktfeld mit Zwängen,

Kind

ich weiß nicht was ich
mit dir anfangen soll
überall stehen mir im Weg
deine roten blauen und gelben Würfel
ich bin zu alt
deine Geschichten noch zu verstehen
ich merke schon
meine Antworten sind zu dumm
wenn du wirklich was lernen willst
geh weg
aber das ist ja nicht alles
soll ich vielleicht
deutlicher werden (?)
da siehst du mich nur ganz groß
an
eines Tages bis du krumm wie ich
dann wissen wir beide nicht was
wir mit uns anfangen sollen
ein großer Autobus fährt mit uns weg
du wirst sehen daß die Ordnung
aus lauter Unordnung besteht
und an einigen Wörtern (entschuldige)
wirst du dir den Kopf stoßen
aber
vorläufig stehen wir zusammen auf
haben wir zusammen eine Erkältung
du ißt mit mir
du schläfst mit mir
du sprichst mit mir und manchmal
siehst du mich an
als wüßtest du schon alles

(NICOLAS BORN 1986)

Auseinandersetzungen und Langeweile, bis hin zum ruhesuchenden Erwachsenen am Wochenende („Spielt nicht so laut!"), der das Spielverhalten des Kindes beeinflußt und bremst. In den Landesbauordnungen der Bundesländer ist unter dem Stichwort „Spielplatz" die Einrichtung von Kinderspielplätzen geregelt. Demnach sollen Kinderspielplätze von der Lage und Ausstattung her die unterschiedlichen Spielbedürfnisse der Kinder berücksichtigen. Drei Arten von Kinderspielplätzen werden in den Gesetzen und Richtlinien unterschieden:

— Kleinkinderspielplätze für Kinder bis zu 6 Jahren in Sicht- und Rufweite des Wohnhauses, d. h. maximal 100 Meter entfernt.
— Spielplätze für Kinder im Alter von 6 — 10 Jahren mit vielseitigem Angebot in der Nähe der Wohnung.
— Spielplätze für Kinder und Jugendliche ab 10 Jahren innerhalb eines Wohngebiets. Auf die Spielbedürfnisse dieser Altersgruppe sind vor allem Abenteuerspielplätze ausgerichtet.

Nach den Bauordnungen und Richtlinien der Länder sind Bauträger verpflichtet, bei Gebäuden mit mehr als zwei oder drei Wohnungen Kleinkinderspielplätze beim Haus einzurichten. Bei bestehenden Häusern kann auch nachträglich eine Einrichtung verlangt werden! Für ihr Gebiet können auch die Gemeinden Richtlinien und Ortssatzungen für Kinderspielplätze aufstellen. Wegen personeller Engpässe wird das gesetzliche Instrumentarium oft nicht angewandt, teils aus Desinteresse der Hauseigentümer, teils aus Unkenntnis der Mieter, die sich ihrer Rechte nicht bewußt sind.
Kinder brauchen mehr Spielfläche, als ihnen heute zugebilligt wird. Kinder haben nicht nur ein Recht auf Spielplätze, sondern auch ein Recht darauf, im Garten spielen zu dürfen. Mieter trauen sich oftmals nicht, ihre Kinder in den Garten zu schicken, weil dieser vom Vermieter beansprucht wird. Oder weil der Hausmeister die Autopflege oder den kurzgeschnittenen Rasen wichtiger findet als Kinderspiel. Dabei können Eltern verlangen, daß ein Kinderspielplatz eingerichtet wird. Ein abgeschlossener Gartenhof kann die Eltern alltags wie am Wochenende sehr entlasten, besonders wenn man weiß, daß andere Eltern mit achtgeben und man nicht in ständiger Angst vor einem Verkehrsunfall leben muß.
Wo es dringend erforderlich ist, sollten sich Eltern in Eigeninitiative zusammentun, um Spielmöglichkeiten und Spielplätze für ihre Kinder zu schaffen.
In Gebieten mit extrem schlechten Spiel- und Bewegungsmöglichkeiten für Kinder ließen sich viele Schulhöfe, die ohnehin den ganzen Nachmittag und das gesamte Wochenende über leer stehen, für den Spielbetrieb nutzen.

34

Gemeinden könnten viel Geld sparen, würden sie von vornherein Schulgelände als Spiel- und Freizeitmöglichkeiten einplanen und dabei kindliche Bedürfnisse berücksichtigen. Die meisten unserer kreativitäts-, spiel- und lustfeindlichen „Kasernenlook"-Schulhöfe könnte man zu Spielgeländen umgestalten, wo sich Kinder nicht nur in den Pausen, sondern bei echtem Bedarf auch an Nachmittagen und Wochenenden für eine gewisse Zeit wohlfühlen könnten. Wenn sich Kinder wohlfühlen sollen, und dies gilt in besonderer Weise für die ersten Grundschuljahre, dann muß auch die unmittelbare Umgebung kindgemäß und anregend gestaltet sein.

Neben der Einfalls- und Phantasielosigkeit der Erwachsenen ist das Vermeidenwollen aller Gefahrenquellen eine weitere Ursache für die Sterilität von Schulhöfen, Spielflächen und Spielplätzen. Kahle und flache Spielflächen, die überschaubar sein sollen, schaffen Ungemütlichkeit und verhindern viele Spielarten wie zum Beispiel das Verstecken und Rollenspiel. Spannungsabbau und rücksichtsvolles Miteinander-Umgehen sind besonders in einem gegliederten Gelände möglich, wo verschiedene Spieltätigkeiten (laufen, klettern, toben, verstecken) geboten werden. Das „ideale" Terrain sollte wenigstens stellenweise naturhaft gegliedert sein (Hügel, Büsche , Bäume, Sitzmäuerchen), so daß neben den genannten Spieltätigkeiten auch das Zurückziehen vom Erwachsenen möglich ist.

An die Adresse von Kommunalpolitikern, Jugendämtern, Gartenbauämtern und Baugenossenschaften gerichtet, müssen mehr Spielstraßen geschaffen, Aktions-, Aktiv-, Abenteuer- und Bauspielplätze mit Spielhäusern eingerichtet, Spielwiesen und Spieläcker angelegt werden. Beim Bau oder der Neugestaltung von Wohnanlagen müßten integrierte Innenhöfe mit Begrünung und kinderfreundliche Hauseingänge ein fester Bestandteil des Gesamtkonzeptes sein. Solange in Gesamtdeutschland zu Beginn der 90er Jahre noch immer über 30 000 Spielplätze fehlen, solange immer noch im gesamten Bundesgebiet ein hohes Defizit an Kindergartenplätzen besteht, dürfen Pädagogen und Eltern nicht müde werden, für ein verändertes Bewußtsein gegenüber dem Kind und seinem Spiel- und Bewegungsbedürfnis einzutreten.

Fragwürdiges Spielzeug –
Aufrüstung in Kinderzimmer und Sandkiste

Montagssyndrom und Spielzeuge stehen in unmittelbarem Zusammenhang. Lange Zeit war die Spielzeugwelt friedlich. „Kriesspielzeuge" wie Soldaten und Panzer blieben – bis zum Ausbruch des Golfkrieges im Januar 1991 auf dem deutschen Spielzeugmarkt ohne Bedeutung. Lediglich das Herumballern mit Pistolen und Gewehren ist von zeitloser Aktualität. Beim Aufstellspielzeug beschränkte sich die „Gewalt im Spiel" auf Indianer, Cowboys, Ritter und Piraten.

Die bisher vorwiegend friedliche Spielwelt wurde in den vergangenen zehn Jahren am massivsten angegriffen durch Spielkonzepte und Spielfiguren wie „Masters of the Universe". Die Idee: Krieg um Macht und Besitz, Kampf mit neuen Mitteln als Science-fiction für Kinder. Neben den Figuren werden primitive, vorwiegend brutale Geschichten und endlose Fortsetzungen als Comics, Hör- und Videokassetten vermarktet. Sie tragen dazu bei, daß die Wünsche der Kinder, vorwiegend der Jungen zwischen 5 – 10 Jahren, nicht aufhören. Nach Untersuchungen des „Arbeitsausschuß Kinderspiel und Spielzeug e. V." in Ulm, spielt in der Bundesrepublik etwa jeder dritte Junge mit diesem Produkt, während die Mädchen hieran kein Interesse zeigen. Sie ziehen nach wie vor „Barbie-Puppen" mit ihrem Fortsetzungs-Luxusleben vor.

Das früher häufig benutzte Argument, aggressives Spielen mit Pistolen und Kriegsspielzeug würde die Aggressionen der Kinder abbauen, hat sich als unhaltbar erwiesen. Durch Spielzeuge wie „Masters of the Universe" wird Gewalt als Mittel der Konfliktlösung im Spiel eher eingeübt und verfestigt. Kein Klischee wird ausgelassen. „He Man", die muskelprotzende Leitfigur der „Guten" ist stark und schön, die Frauen entsprechend ansehnlich und blond, während die „Bösen" dunkelhaarig und machthungrig sind. Die Ästhetik spielt dabei keine Rolle. Was macht nun den hohen Aufforderungscharakter diesen fragwürdigen Produktes aus, daß zahllose Kinder ihre Eltern traktieren, um in den Besitz dieser „Kunststoffmutationen" zu kommen? Im wesentlichen ist es der Reiz, etwas zu tun, was verboten ist, „böse" zu sein. Die abstoßende Häßlichkeit der Figuren fasziniert gerade Kinder im Grundschulalter. Es bereitet besonderen Genuß, sich zu gruseln. Zudem hebt der Besitz der Figuren das Ansehen in der Gruppe, und die Erwachsenen werden schockiert, d. h. es lassen sich „Reaktionen" erzeugen. Da viele Probleme mit Gewalt gelöst werden, finden Kinder eine Bestätigung ihrer täglichen Erfahrung in Figuren wie „He Man", „Skeletor" und anderen Monstern aus Plastik und Hartgummi.

Pädagogen, die annahmen, daß Kriegsspielzeuge aus den Sortimenten von Herstellern und Händlern verschwunden seien, wurden spätestens im Januar 1991 auf der 42. Internationalen Spielwarenmesse in Nürnberg eines Besseren belehrt. Kampfhubschrauber zum Aufziehen, wirklichkeitsnahe „Flugabwehr-Waffen-Sets", Modell-Panzer, Soldatenpuppen, Plastikmaschinengewehre und Computer-War-Games rückten dort in die vordersten Reihen der Ausstellungsvitrinen zahlreicher in- und ausländischer

Spielwarenhersteller. Spielzeugindustrie, Kaufhäuser und Spielwarenge-schäfte, die sich ihrer „Fachberatung" rühmen, haben den Golf-Krieg zum Anlaß genommen, Kriegsspielzeug wieder salonfähig zu machen. Be-reits im Sandkasten wird wieder aufgerüstet. Panzerschlachten, Bombar-dierungen und Straßenkämpfe sollen nach dem Willen der Hersteller schon die Kleinsten begeistern und zu „interessanten Spielideen" — so ein Fachhändler — anregen. Da gibt es Anziehpuppen in Uniform, die batteriebetrieben über den Boden robben ebenso wie Flugzeugträger aus Plastik, die auf Knopfdruck Maschinengewehrfeuer und Sirenen-geheul ertönen lassen. „Tail Cannon" heißt ein in Spielwarengeschäften angebotenes Produkt englischer Herkunft. Der Hersteller bietet unter diesem Namen 4—8jährigen Jungen eine im Detailbereich in Plastikguß hergestellte Waffe an, die Schußgeräusche und das Leuchten des Gewehr-feuers simuliert.

Für die Schlacht im Kinderzimmer haben die Produzenten von Bausätzen und Modellen seit dem Golfkrieg eine regelrechte Offensive gestartet. Unter dem Titel „Operation Desert Storm" bietet ein italienischer Hersteller Bausätze für Soldaten im Wüsteneinsatz an, während eine deutsche Firma unter der Bezeichnung „Operation Desert Shield" Panzer und einen „Airborne"-Soldaten vertreibt. Das gesamte Kriegsdrama ist (wieder) für Kinder en miniature verfügbar. Es reicht bis zu maßstabsgerechten GI-Figuren mit Gasmasken und „C-Waffen-Analysegerät". Der Bomben-hagel und die Luftschlachten, die zum Jahresbeginn 1991 die Welt in Atem hielten, haben auch die Hersteller von Computer- und Tele-Spielen im Kleinformat neu inspiriert. Schon dem Vorschulkind wird ermöglicht, im Kampf gegen die Zeit zum Kontrollcenter eines feindlichen Machthabers vorzudringen und erfolgreich zu zerstören. Andere den Kindern zugäng-liche Simulationsspiele vermitteln die Illusion, daß der Spieler vom Cockpit eines Düsenjägers aus am Krieg teilnimmt.

Eltern und Pädagogen haben vor diesem Hintergrund keinen leichten Stand, und es ist nicht verwunderlich, wenn sich schon 4jährige, angeregt durch Fernsehen und Spielzeugvorgaben, aus allen nur möglichen Materia-lien „Waffen" bauen und sich mit ihren Spielkameraden „Feuergefechte" liefern.

Kriegsspielzeuge sind heute ein Symptom unseres gegenüber Gewalt, Brutalität und Grausamkeiten abgestumpfen Medienzeitalters. In ihm wird selbst der grausamste Krieg von skrupellosen Geschäftemachern als Spielimpuls für Kinderseelen vermarktet.

Eltern kann man nur raten, bei Kaufwünschen ihrer Kinder mit einem begründeten Nein, dem Ablehnen von Gewalttätigkeit und Machtstreben zu reagieren. Eltern und Erzieherinnen sollten im Gespräch versuchen,

In knapp drei Jahren erkämpften die Schildkröten ("Ninja Turtles") einen Umsatz von fast 2 Milliarden Mark. Merchandising heißt das Zauberwort. Geplagte Eltern werden mit Kaufwünschen ihrer Kinder konfrontiert. Von Filmen, Video und TV über Plastikpuppen, Aufkleber, T-Shirts bis zum Ledermäppchen spannt sich der Vermarktungsbogen.

"Turtles sind gute Böse!"
(Junge, 8 J. zu seiner Zeichnung)

herauszufinden, warum sich das Kind ein Kriegs- bzw. kriegsähnliches Spielzeug wünscht. Die Praxis zeigt, daß ein bloßes Verbot des Spielzeugs wenig bewirkt und die Sache für das Kind nur noch interessanter macht. Da Spielzeuge allein nicht aggressiv machen, sondern nur im Zusammenwirken mit Verhaltensmustern von Modellen, ist es wichtig, als Eltern und Erzieher selbst ein friedliches Vorbild zu sein. Rücksichtnahme, Verständnis, Zuwendung, Geborgenheit und Geduld dem Kind gegenüber helfen, daß Spielzeuge gewalttätiger Art wenig Reiz auf Kinder ausüben.

Leider gibt es auch Eltern, die ihr Kind geradezu mit Spielzeug überschütten. Nicht selten geschieht dies zur eigenen Beruhigung und als Alibi für mangelnde Zuwendung. Ist das Kind jedoch von zu viel Spielzeug umgeben, verliert es seine Spielsicherheit, die Spontaneität erlahmt, und es langweilt sich.

Das Zuviel-von-allem-haben und sich dennoch leer fühlen, kann durchaus Formen annehmen, die sich wiederum in Aggressionen äußern ("Wenn's Spielzeug kaputt geht, gibt's halt neues.") und letztlich in einer Art von "Luxusverwahrlosung" münden.

Einen umfassenden Überblick zur Auswahl, dem Kauf bis zum alters- und entwicklungsgemäßen Einsatz von Spielmitteln vermittelt das "Arbeitsbuch Spiel" von Peter Thiesen, Köln/München [5]1991.

Pädagogin und Einrichtung

Neben nervösen Eltern, gibt es natürlich auch die Erzieherin/Lehrerin, die bereits auf geringe Störungen gereizt reagieren, sich selbst von einzelnen Kindern „stören" oder von einzelnen Schülern ständig „ablenken" lassen oder bei dem, was sie tun, geistig und körperlich „herumspringen". Dieses negative Modellverhalten kann sich bei einem ohnehin zappeligen, unkonzentrierten Kind besonders nachteilig auswirken. Erzieherinnen, die in institutionelle Zwänge gebunden sind (Personalwechsel, häufiger Kollegenwechsel, mangelndes Raumangebot u. ä.), laufen Gefahr, Unruhe und Hektik in der Einrichtung auszulösen bzw. zu begünstigen. Sie verhindern so die Möglichkeit, die Kinder zur Ruhe zu führen und die Konzentration zu verfestigen.

Auf das Montagssyndrom angesprochen, äußern häufig jüngere Pädagoginnen die Befürchtung, pädagogisch nicht angemessen zu handeln. Sie fühlen sich allein, manchmal überfordert, sind „genervt", dadurch teilweise überreagierend und stark disziplinierend.

Welche Faktoren in Kindergarten, Hort und Grundschule begünstigen das Montagssyndrom?

— Eine hohe Kinderzahl in der Gruppe/Klasse erschwert die Bemühungen, sich intensiver um einzelne Kinder zu kümmern.
— Durch knappen Personalbestand kommt es zu Überlastungen der Pädagoginnen, was nicht selten mit hohem Krankenstand verbunden ist.
— Das Raumangebot in manchen Einrichtungen läßt eine Reihe kindgemäßer Gruppenaktivitäten (wie Bewegungsspiele, Toben) nicht zu. Möglichkeiten, sich zurückzuziehen, sind nicht vorhanden.
— Fehlende Vor- und Nachbereitungszeit verhindern bzw. erschweren eine Reflexion bzw. gezielte Planung des pädagogischen Vorgehens.
— Zum Teil führen widersinnige Bestimmungen und juristische Unklarheiten bei der Aufsichtspflicht zu ängstlichem, einengendem Erzieherverhalten.
— Sachzwänge, wie z. B. ein eingeschränktes Materialangebot, verhindern, den gezielten Einsatz von Spielmitteln, die wichtige pädagogische Hilfsfunktionen bewirken können.
— Desinteresse, sich intensiver mit den wiederkehrenden Montassituationen, ihren Ursachen und Behebungsmöglichkeiten auseinandersetzen.
— Konkurrenzdenken zwischen den Kolleginnen: „Bei mir gibt's diese Probleme nicht."
— Mangelnder Informationsfluß, fehlende Motivation und Kooperation, mangelnde Flexibilität im Handeln.
— Widerstand gegen Veränderungen (z. B. den Raum hin und wieder angemessen umzugestalten, fehlende Experimentierfreude).

Für unruhige wie sensible Kinder ist es wichtig, in einer ausgeglichenen, warmen Atmosphäre aufzuwachsen. Um diesem Anspruch so weitgehend wie möglich gerecht zu werden, sind Kindergarten, Hort und Grundschule gleichermaßen gefordert. Gegenseitige Informationen über verschiedene Problemsituationen und mögliche Handlungsstrategien geben neue Anregungen. Jede Pädagogin profitiert von den Erfahrungen und Ideen der anderen. Durch kooperatives Handeln lassen sich die meisten Probleme besser und in kürzester Zeit lösen. Kooperation auf Gegenseitigkeit ist keine Mehrbelastung, sondern kurz- wie langfristig eine Entlastung.

Entstehung des Montagssyndroms im Überblick

Mögliche personale, situative, räumliche und materiale Bedingungen, die als Gesamtgefüge auf das Kind treffen:
Die grafischen Darstellungen im Kapitel „Ursachen" machen deutlich: Die Entwicklung des Montagssyndroms beginnt spätestens am Sonntagnachmittag.
Das „Montagssyndrom" steht auch für Tage, die aufgrund der beschriebenen Bedingungen und Konstellationen zu gespannten Situationen führen.

Wochenendsituation
(Bestimmende Faktoren können sein)

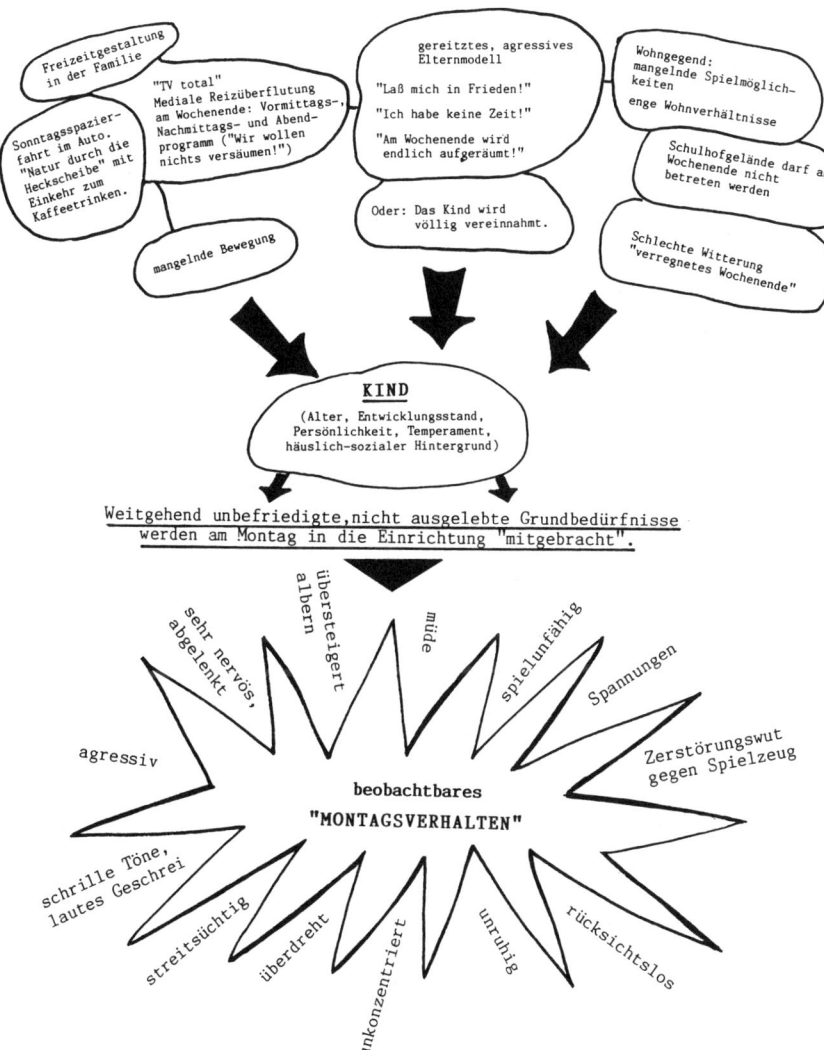

Freizeitgestaltung in der Familie

Sonntagsspazierfahrt im Auto. "Natur durch die Heckscheibe" mit Einkehr zum Kaffeetrinken.

"TV total" Mediale Reizüberflutung am Wochenende: Vormittags-, Nachmittags- und Abendprogramm ("Wir wollen nichts versäumen!")

mangelnde Bewegung

gereiztes, agressives Elternmodell

"Laß mich in Frieden!"

"Ich habe keine Zeit!"

"Am Wochenende wird endlich aufgeräumt!"

Oder: Das Kind wird völlig vereinnahmt.

Wohngegend: mangelnde Spielmöglichkeiten

enge Wohnverhältnisse

Schulhofgelände darf am Wochenende nicht betreten werden

Schlechte Witterung "verregnetes Wochenende"

KIND
(Alter, Entwicklungsstand, Persönlichkeit, Temperament, häuslich-sozialer Hintergrund)

Weitgehend unbefriedigte,nicht ausgelebte Grundbedürfnisse werden am Montag in die Einrichtung "mitgebracht".

übersteigert albern

müde

spielunfähig

Spannungen

sehr nervös, abgelenkt

Zerstörungswut gegen Spielzeug

agressiv

beobachtbares
"MONTAGSVERHALTEN"

schrille Töne, lautes Geschrei

streitsüchtig

überdreht

unkonzentriert

unruhig

rücksichtslos

3 Handlungsstrategien

Mit dem Montagssyndrom richtig umgehen – personale, räumliche und materiale Gesichtspunkte

Nach einem Wochenende zu Hause muß sich das einzelne Kind jeden Montag neu in seiner Gruppe bzw. Klasse in Kindergarten, Hort oder Grundschule zurechtfinden. Es muß sich räumlich in der Gruppe und Einrichtung orientieren, Beziehungen zu anderen Kindern und den Erwachsenen aufnehmen und seine Position in dieser Gruppe finden. Das Kind muß sich auch auf den Rhythmus der Einrichtung einstellen und lernen, die Wünsche anderer Kinder zu achten, eigene Bedürfnisse zurückzustellen bzw. angemessen einzubringen. Die Regeln gemeinsamen Lebens, die nicht selten den eigenen Bedürfnissen und Wünschen widersprechen, müssen ebenso angenommen werden, wie die Gegebenheit, daß die Erzieherin/Lehrerin nicht nur einem, sondern zwanzig Kindern Aufmerksamkeit zu schenken hat.

Viele der Anforderungen an das Kind haben sich im Lauf der Zeit automatisiert, andere müssen jeden Montag neu bewältigt werden.

Um dem Montagssyndrom erfolgreich begegnen zu können, wird die Erzieherin/Lehrerin sich um eigene konfliktvermeidende Verhaltensvorsätze und Kompetenzen bemühen, wie:

1. Abbau z. B. eigener Unsicherheiten bei Problemen, Nervosität, Aggressivität. Kinder sind oft nichts anderes als das Spiegelbild des nervösen, aggressiven Erwachsenen. Ein Grundsatz könnte sein: „Ich will mich sehr bemühen, nicht laut zu werden oder die Kinder anzuschreien."
2. Erwerb bestimmter Kenntnisse und Fertigkeiten, wie z. B. entspannte Geisteshaltung, geistige Wendigkeit, freundliches Sozialverhalten, besonderes Verständnis für kindliches Verhalten, pädagogische und methodische Fachkompetenz, Repertoire an Gestaltungsmöglichkeiten und gezielten Angeboten für „Montagssituationen", Konfliktlösungs-

gespräche führen können, zweckmäßige Rahmenbedingungen in der Gruppe/Klasse schaffen und für eine sinnvolle, der Situation entsprechenden Raumgestaltung sorgen.

Es empfiehlt sich, von Zeit zu Zeit allein oder mit Kolleginnen die eigenen Spiel- und Beschäftigungsangebote („Routineangebote") der letzten „Problemmontage" kritisch zu überdenken. Kindergarten und Hort sind in besonderer Weise geeignet, bei der Bewältigung ihrer Sorgen, Nöte, Ängste und unterdrückten Bedürfnisse zu helfen. Die qualifizierte Pädagogin gewährleistet ein relativ hohes Maß an systematischer und geplanter Erziehung.
Grundlage für das erzieherische Handeln sind in erster Linie eigene Beobachtungen in der Gruppe bzw. Klasse.

Für gezielte Montagsbeobachtungen ergeben sich als Fragestellungen:
— Womit spielt das Kind?
— Wie spielt das Kind (z. B. ausdauernd, häufig abbrechend, kreativ, vorwiegend allein)?
— Welche Spielhandlungen bevorzugen die Kinder (z. B. Fernsehsendungen werden nachgespielt, aggressive Vater-Mutter-Kind-Spiele)?
— Mit welchen Spielpartnern spielen die Kinder bzw. das einzelne Kind (Einzelbeobachtung)? Welche Kinder werden bevorzugt? Warum?
— Werden Melodien von Fernsehsendungen wiedergegeben? Von welchen Sendungen?
— Welche Kinder sind (heute) besonders schwer für etwas zu motivieren?
— Sind heute besondere Gefühlszustände (Wut, Ärger, Unsicherheit, vermehrter Wunsch nach Anerkennung, Ängste, Geborgenheitswünsche) aufgefallen?
— Sind motorische Aspekte mehr als sonst aufgefallen (z. B. Unruhe, Überaktivität, schnelle Ermüdung)?
— Wie reagieren die Kinder untereinander?
— Welche Kinder zeigen am Montag wiederholt die gleichen Symptome?
— Wie verhalten sich die Kinder (das einzelne Kind) gegenüber der Erzieherin (anderen Mitarbeitern)?
— Bestehen heute besondere Auffälligkeiten?

Im Berufsalltag wird die Pädagogin vorrangig durch Zufallsbeobachtungen auf besondere Verhaltensweisen aufmerksam. Häufen sich streßende Montagssituationen, so empfiehlt es sich für einen längeren Zeitraum (mindestens über 4 — 6 Montage gehend) schwerpunktmäßig und systematisch zu beobachten. Die dann gewonnenen Erkenntnisse bilden dann um so gesicherter eine Basis für Planungen, neue Spielangebote und Elternarbeit.

Die Pädagogin kann dem Kind am Montag durch liebevolles Verständnis helfen, und zwar auch für seine Aggressionen. Nur so erhält das Kind Gewißheit, daß es letzten Endes doch auf seine Kosten kommt und seine kindlichen Bedürfnisse befriedigen kann. Am ehesten geschieht dies, wenn das Kind Gelegenheit erhält, beim Spiel „Dampf" abzulassen. Die Kinder müssen rennen, springen, hüpfen, klettern und toben können. Daß dabei auf das Mobillar zu achten ist, versteht sich von selbst. Diese Sorge darf jedoch nicht die Gesundheit der Kinder in den Schatten stellen. Unterdrükkung physischer Betriebsamkeit, z. B. durch häufige Reglementierungen, führt zu geistigen Spannungen, die in gesteigertem Tatendrang, Aggressionen und Angriffslust zutage treten. Schaffen wir Kindern eine Umgebung, in der sich die Muskeln entladen können — wie im Turnraum oder im Freien — zeigen die Kinder mehr Disziplin, und Eltern wie Erzieher haben ein ruhiges Leben. Ausgelassene Spiele, Rollenspiele, Freispielsituationen im Raum wie im Freien und Kurzausflüge ins Blaue, finden am Montag regen Zuspruch bei Kindern.

Ein fester Tagesrhythmus in der Einrichtung hilft, viele nervöse Erscheinungen auszuschalten. Wenn es nicht bereits durchgängig am Montag praktiziert wird, so eignet sich an diesem Tag besonders gut das „freie Frühstück", bei dem jedes Kind dann am Tisch essen kann, wenn es Hunger hat.

Geht es recht chaotisch zu, muß die Pädagogin konsequente Entscheidungen treffen, ohne zu herrschen. Konsequenz schließt nicht aus, daß man freundlich ist. Wenn die Pädagogin unmißverständliche Regeln aufstellt, ohne die „Macht der Erwachsenen" auszuspielen, gewinnt das Kind in der Beziehung zu ihr Sicherheit. Es muß sich auf ihre Aussagen und Handlungen verlassen können. Bei Auseinandersetzungen sagen wir ruhig und entschieden „nein", sprechen ruhig und schreien nicht, auch wenn es manchmal schwerfallen mag. Auf keinen Fall darf sich die Erzieherin/Lehrerin gehen lassen, Kränkungen gegen Kinder aussprechen oder gar sich in Verzweiflungsausbrüche stürzen. Langfristig zahlen sich konsequente Erziehungsmethoden aus.

Wollen wir Kinder beeinflussen, müssen wir ihr Interesse wecken. Dies erreichen wir auch durch den Ton unserer Stimme und indem wir genau das Gegenteil tun, was das Kind erwartet.

Eine kritische Situation wird entspannt, indem wir z. B. die Aufmerksamkeit ablenken und die Neugier der Kinder erregen. Montagsangebote für die inhaltliche Gestaltung finden sich reichlich im Praxisteil dieses Buches.

44

Mit dem Kind „böse" zu sein und mit „Liebes- oder Zuwendungsentzug" zu reagieren, weil es am Montag lauter und wilder ist als sonst, kann keine Erziehungsmethode sein. Das Kind hält so Impulse nur zurück oder unterdrückt sie.

Unser Mißfallen über eine Verhaltensweise sollten wir nicht am Kind, sondern nur an seinem Benehmen äußern, wobei wir Person und Handlung auseinanderhalten. Unfreundlichkeit und Nicht-sprechen mit dem Kind zwingen es zu Feindlichkeit, die sich wiederum in aggressivem Verhalten zeigen kann. Deshalb ist es auch in einer angespannten Situation immer sinnvoll, sich um eine ausgeglichene, ruhige Ausstrahlung auf die Kinder zu bemühen.

Reden hilft nur, wenn das einzelne Kind bereit ist, uns zuzuhören. Zu viele Worte der Pädagogin sind kein Mittel der Verbindung, sondern eher des Streits, bei dem sie versucht, ihre eigene Spannung zu erleichtern. Wenn wir mit Kindern reden, müssen wir stets auf die Wirkung unserer Worte achten. Besser noch ist weniger reden, viel denken und entsprechend handeln. Schweigen kann bei Fehlverhalten eines Kindes einen tiefen Eindruck machen und zur Verhaltensänderung beitragen. Wichtig ist, dem Kind zuzuhören, wenn es etwas erzählt, wenn es etwas fragt oder wenn es dem Erwachsenen etwas über sich mitteilen will. Selbst wenn dieses noch sehr verdeckt geschieht, ist es von großer Bedeutung für das beiderseitige Verhältnis. Wenn wir Regeln aufstellen, dann für das Kind einleuchtende und klar beschriebene. Nicht selten sind Unklarheiten oder Aussagen wie „Das machst du, weil ich das gesagt habe!", Anlaß für aggressive Reaktionen. Natürlich kann es weder für die Pädagogin noch für die Eltern darum gehen, „Begründungsakrobatik" zu betreiben und alles bis ins kleinste Detail zu erörtern und zu erläutern. Das würde ein Kind sogar überfordern.

Wir können Kindern helfen, ihre emotionalen Bedürfnisse und Wünsche zu erkennen und sich auf soziale Weise durchzusetzen lernen. Sollen sie sich zu einer harmonischen und selbstsicheren Persönlichkeit entwickeln, müssen sie auch lernen, mit anderen zu sprechen und für Probleme und Konflikte gemeinsame Lösungswege zu finden.

Je nach Situation, sollte sich die Pädagogin am Montag einige pädagogische Grundsätze besonders vergegenwärtigen:

— Bei Auseinandersetzungen und Aggressionen der Kinder versuchen ruhig zu bleiben, statt zu explodieren.
— Beim Gespräch **mit** Kindern reden, nicht zu ihnen reden. Zuhören und Kinder ausreden lassen.
— Freundlichkeit, Güte und Zuverlässigkeit ausstrahlen.
— Natürliche und logische Folgen aufzeigen, führen und leiten, statt beherrschen, Konsequenz statt Strenge.

- Dem Kind innere Freiheit gewähren statt Zügellosigkeit.
- Kindliche Auffassungen nicht unterschätzen.
- Das falsche Verhalten ablehnen, nicht das Kind selbst.
- Persönlichkeit der Kinder, ihre Interessen und Ängste ernst nehmen.
- Positive Eigenschaften, Fähigkeiten und Fertigkeiten des einzelnen Kindes wahrnehmen.
- Anerkennung statt pauschalem Loben, Freude machen statt Belohnen und ermutigen statt kritisieren.

Als Erwachsene können wir uns gar nicht oft genug bewußt machen, wie viel das Kind durch Nachahmung lernt. Nicht nur die Familie, auch die Erzieherin und Lehrerin sind eingebettet in ein Netz von Interaktionen. Grundsätzlich werden alle Personen als Vorbilder bzw. Modelle nachgeahmt, die das Kind gerne hat, die es bewundert, die es beeindrucken oder ihm durch etwas auffallen, was ihm gefällt. Über die Eltern, Großeltern, die Pädagogin in Kindergarten, Hort und Schule hinaus können das natürlich auch Film-, Fernseh-, Sport- und Schlagerstars oder Comicfiguren sein. Seine Vorbilder sucht sich das Kind bewußt und unbewußt aus. Bei dieser Auswahl, die nicht beeinflußbar ist, merkt das Kind nicht einmal, daß es gewisse Einstellungen, Werte, Meinungen, Sprechweisen und Körperhaltungen von Modellen übernommen hat. Eltern, Erzieherin und Lehrerin haben sich damit nahezu täglich auseinanderzusetzen. Sie müssen sich immer wieder verdeutlichen, daß die Art und Weise, wie sie erziehen, zum größten Teil vom Kind durch Nachahmung verinnerlicht wird. Eltern und Erzieher sind ihren Kindern Vorbild in einfachen wie komplizierten Dingen, auch dann, wenn sie nicht daran denken.

Raum und Material verändern

Das Raumangebot in der Einrichtung, gleich ob Kindergarten, Hort oder Grundschule, kann Montagsprobleme positiv wie negativ beeinflussen, zumal das Kind auch stets in seinem Verhalten auf die es umgebenden Verhältnisse reagiert.
Zu enge Raumverhältnisse, mangelnde Rückzugsmöglichkeiten, ungünstige Beleuchtung, ungemütliche Atmosphäre, für die Kinder nicht erreichbares Spielzeug schaffen Probleme, die Kinder und Erzieherin/-Lehrerin behindern. In der Einrichtung lassen sich die häufig brachliegenden Flure in das Spielgeschehen einbeziehen. Durch Reste von Papierrollen (in Druckereien erhältlich) können riesige Malflächen entstehen. Ungenutzte Gerümpelecken im Kindergarten und Hort können zur Puppenecke oder einem Hüttenversteck werden.

Die Atmosphäre im Gruppenraum wird gemütlicher durch Vorhänge und Teppichboden, warmes Licht, Pflanzen und einen großen Spiegel. Vor ihm kann man sich betrachten, Grimassen schneiden, sich selbst beobachten, schminken und spielen. Podeste im Gruppenraum erweitern die Spielmöglichkeiten. Die Pädagogin sollte hin und wieder mit den Möglichkeiten räumlicher Veränderung experimentieren. Sie wird schon bald positive Veränderungen bei den Kindern und sich selbst feststellen.

Handlungsstrategien im Überblick

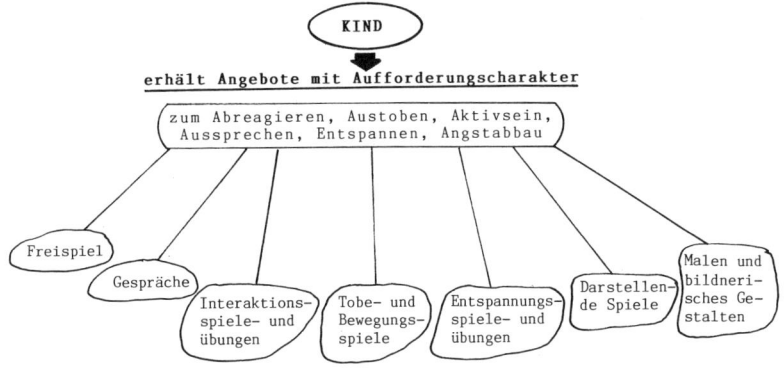

MONTAG

Erzieherin/Lehrerin in Kindergarten/Hort/Schule
schafft **positive Anreize** für das

KIND

erhält Angebote mit Aufforderungscharakter

zum Abreagieren, Austoben, Aktivsein,
Aussprechen, Entspannen, Angstabbau

Freispiel

Gespräche

Interaktions-
spiele- und
übungen

Tobe- und
Bewegungs-
spiele

Entspannungs-
spiele- und
übungen

Darstellen-
de Spiele

Malen und
bildneri-
sches Ge-
stalten

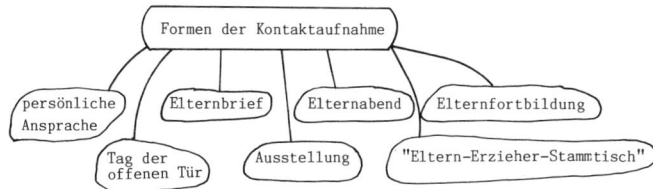

ELTERNARBEIT

Erzieherin/Lehrerin stellt Kontakte her.
Ziele könnten sein:
Gegenseitige Information
Medienpädagogische Beratung
Bewußtmachung differenzierter Freizeitangebote

Formen der Kontaktaufnahme

persönliche
Ansprache

Elternbrief

Elternabend

Elternfortbildung

Tag der
offenen Tür

Ausstellung

"Eltern-Erzieher-Stammtisch"

Um dem Montagssyndrom und dessen Auswirkungen auf Kinder und sich selbst zu begegnen, sollten Pädagoginnen zusammenarbeiten. Wenn sie bereit sind, Probleme offen auszusprechen, Erfahrungen auszutauschen und ihr Verhaltens- und Methodenrepertoire zu erweitern, werden Erzieherinnen wie Lehrerinnen langfristig mit ihrer Tätigkeit zufriedener sein.

Fragestellungen zum häuslichen und familiären Hintergrund, die der Pädagogin helfen können, das Verhalten eines Kindes besser zu verstehen und entsprechend darauf einzugehen:

- Welche Vorlieben hat das Kind/haben die Eltern am Wochenende?
- Wie gestaltet sich der Tagesablauf am Sonntag?
- Wie ist die Geschwisterkonstellation? Gibt es Probleme zwischen den Geschwistern?
- Welche Beziehung besteht zwischen Eltern und Kind(ern)?
  a) Wie sehen die Eltern ihre Beziehungen zum Kind?
  b) Wie erleben die Kinder ihre Eltern am Wochenende?
- Hat das Kind feste Kontakte zu anderen Kindern am Wochenende?
- Welche Spielmöglichkeiten bestehen im Haus und außerhalb des Hauses (Grünflächen, Spielplatz, Schulhof)?
- Leben Großeltern im Haus?
- Lebt das Kind mit einem Elternteil allein zusammen?
- Bestehen ausreichende Lebens- und Wohnverhältnisse oder Störungen, die zu quälenden Beschränkungen führen (z. B. Spannungen am Wochenende, die mit der Langzeitarbeitslosigkeit des Vaters zusammenhängen)?

4 Elternarbeit

Patentrezepte für eine richtige Erziehung können wir Eltern nicht geben, dafür ist das Leben viel zu bunt und vielschichtig, sind die Eltern und Familien zu verschieden. Auch Lehrbücher und Pädagoginnen können Eltern nicht die eigene tägliche Entscheidung über die Kindererziehung und die damit verbundene tägliche Verantwortung abnehmen.

Wir haben jedoch die Möglichkeit, verstärkt den Blick der Eltern auf die Grundbedürfnisse ihrer Kinder zu lenken.

Kinder wollen als eigenständige, vollwertige Persönlichkeiten wahrgenommen und behandelt werden. Deshalb brauchen sie Anerkennung und Bestätigung. Kinder müssen Erfahrungen sammeln, Abenteuer bestehen und sich bewegen können. Und sie brauchen Freiräume und Erfolgserlebnisse, um ihr Selbstwertgefühl zu stärken. Insbesondere brauchen Kinder Liebe und Geborgenheit und emotionale Sicherheit durch ihre Eltern und die sie betreuenden Erzieherinnen.

Hinwendung zum Kind darf aber auch nicht Selbstaufgabe der Eltern bedeuten. Durch viele wechselnde Erziehungsmethoden sind Eltern unsicher geworden, und manche glauben gar, Kinder wüßten in jedem Fall am besten, was für sie gut ist. Kinder verunsicherter Eltern sind selbst unsicher, was wiederum dazu führt, daß „gekämpft" und launisch erzogen wird.

Um ihren Kindern etwas geben zu können, müssen Eltern selbst zufrieden sein.

Mit Medien sinnvoll umgehen

Fernseherziehung ist ein Bestandteil der Gesamterziehung im Familienalltag. Daher sind Eltern auch hier Vorbild für ihr Kind. Erzieherin und Lehrerin können in Zusammenarbeit mit Eltern die Kinder zu einer kritischen und bewußteren Benutzung der Medien befähigen, indem sie Maßstäbe für eine altersgerechte Medienauswahl entwickeln und attraktive

Alternativen zum Fernsehen anbieten. Bei der Programmauswahl sollten Kinder mitentscheiden dürfen. Nur so können sie lernen, auszuwählen, abzuwägen und eine Entscheidung zu treffen. Eine verantwortungsbewußte und kreative Fernseherziehung beschäftigt sich u. a. mit Auswahlkriterien für Programme, mit den schöpferischen Möglichkeiten dieses Mediums, mit Alternativen zum Fernsehen und Fragen einer sinnvollen Freizeitgestaltung.

Es gibt genügend Fernsehzeitschriften, um z. B. am Anfang einer Fernsehwoche als eine Art „Familienspiel" zusammen mit den Kindern das auszusuchen, was gesehen werden kann. Die Fernsehzeit sollte sich dabei stets nach den üblichen Essens-, Arbeits- und Ruhezeiten in der Familie richten und nicht umgekehrt. Eltern sollten sich einen Überblick verschaffen, wann Sendungen speziell für Kinder ausgestrahlt werden. Bei ARD und ZDF gibt es feste Zeiten der Sendungen für 3−6jährige und 7−12jährige.

Geeignete Programme

Fernsehsendungen, wie Vorschulprogramme, hinterlassen bei Kindern einen haftenbleibenden Eindruck, wenn sie anschaulich und lustig präsentiert werden und sich das Kind mit den handelnden Personen, Tieren und Puppen identifizieren kann. Besonders geeignet sind Fernsehsendungen,
— die an Erlebnissen und Erfahrungen der Kinder ansetzen, also von deren Lebenswirklichkeit ausgehen,
— wenn sie Kenntnisse und Erkenntnisse vermitteln und zum Handeln anregen,
— die Modelle aufzeigen, die für Kinder Vorbild sein können,
— die Kindern Orientierungshilfen geben, wie man sich im Alltagsleben zurechtfinden kann.

Fernsehsendungen sind für Kinder um so leichter zu verstehen, je unterscheidbarer die Personen sind, der Handlungsablauf linear aufgebaut ist und je weniger Bild und Ton auseinanderfallen. Nicht zuletzt sollten Kinderprogramme, insbesondere Vorschulsendungen, über positive Identifikationsfiguren verfügen, die Kinder zum Mitfühlen und Mitdenken anregen. Abzulehnen sind Sendungen, die eine verzerrte Realität und ein verzerrtes Weltbild vermitteln, Ängste auslösen, Vorurteile und stereotype Vorstellungen verfestigen.

Verantwortungsbewußte Eltern werden sich bemühen, ihre eigenen Fernsehgewohnheiten zu überprüfen, sich gemeinsam mit ihrem Kind eine zuvor kritisch ausgewählte Sendung ansehen und mit ihm anschließend darüber

50

sprechen. Beim Fernsehen müssen die Kinder Spannungen durch Bewegungen abbauen können. Deswegen ist es falsch, von ihnen Stillsitzen und Ruhe zu verlangen. Kinder müssen auch Fragen während der Sendung stellen dürfen, und wenn möglich, gleich vom Erwachsenen beantwortet bekommen.

Kindliche Angst tritt beim Fernsehen häufiger auf als angenommen und führt zu beträchtlichen seelischen Belastungen. Auskunft über Ängste erhält der Beobachter durch unmittelbare Reaktionen der Kinder während der Sendung. Sie verkriechen sich unter dem Tisch, wenden den Kopf ab, suchen Schutz bei den Eltern oder Geschwistern, schließen die Augen oder halten sich die Ohren zu. Auch nervöse Gesichtsbewegungen, Erstarren, aufgeregtes Lutschen und „Schnuckeln" sind mögliche Angstsignale.

Eltern verhalten sich falsch, wenn sie dann ihr Kind auslachen, es als „klein" oder als „Angsthasen" bezeichnen. Ängstigende Darstellungen im Fernsehen sind für Kinder z. B. Bedrohungen mit Fäusten und Waffen, heftige Auseinandersetzungen mit Personen, Darstellungen von Feuer oder Dunkelheit, Handlungen über verletzte, gefährdete oder getötete Tiere, verlassene Kinder, dramatische und vom Zusammenhang her undurchschaubare Handlungen, aber auch dramatische Musik und Kameraführung.

Kinder im Vorschulalter sollten grundsätzlich nicht allein, sondern mit anderen Kindern oder mit den Eltern Fernseh- oder Videofilme anschauen. Eltern ist zu empfehlen, das Gesehene mit ihren Kindern durchzusprechen.

Ein sinnvoll eingesetzter Videorecorder kann dazu beitragen, das Fernsehen kritischer zu betrachten, indem Eltern die gewünschten Sendungen für ihre Kinder auswählen und aufzeichnen. Sie prüfen dabei, ob sich der Film für ihr Kind eignet, stellen ihr „eigenes" Programm zusammen und schauen es sich gemeinsam mit ihrem Kind an.

Durchdacht und wohlüberlegt eingesetzt, bieten Fernsehen und Video eine Reihe positiver Aspekte, denen gegenüber wir uns nicht verschließen wollen. Ausgewählte Sendungen bringen dem Kind Informationen, präsentieren ihm Normen, Wertgefüge und positive Verhaltensmuster. Durch das Fernsehen können Gespräche und Diskussionen in der Familie und mit Freunden angeregt werden. Das Fernsehen kann die kindliche Neugier befriedigen und die Familie zu Aktivitäten anregen. So werden Zweite-Hand-Erfahrungen durch eigene Realerfahrungen ersetzt. Ein Videorecorder in der Familie muß nicht Mehr-Fernsehen bedeuten. Mit Hilfe des Gerätes lassen sich Kindersendungen gezielt aufnehmen und auswählen, was langfristig zu einem bewußteren, von festen Sendezeiten unabhängigen Fernsehen führt.

"Montagsbilder" von Vor- und Grundschulkindern: Fernseh- und Video-Helden

Kindergarten, Hort und Grundschule können zusammen mit Eltern in die gleiche Richtung arbeiten, indem sie auf die kindlichen Mediengewohnheiten eingehen. Das kann von der Aufarbeitung und phantasievollen Weiterentwicklung der Fernseherlebnisse, der Gelegenheit zum Ausleben motorischer Bedürfnisse bis zu medienpädagogischen Gesprächen und Aktionen reichen. Gleichzeitig ist Freizeiterziehung die beste

Medienpädagogik, da durch Spiele, Gestaltung, selbstschöpferische Tätigkeiten, soziale und sportliche Aktivitäten, Ausflüge, Umwelterkundungen, Förderung von Hobbyinteressen fast automatisch der Fernsehkonsum von Kindern reduziert und relativiert wird.

Eine qualifizierte Medienpädagogik/Medienkunde wird heute an den Fachschulen für Sozialpädagogik noch immer stiefmütterlich behandelt. Viele Erzieherinnen fühlen sich in Fragen der Medienerziehung nicht genügend qualifiziert. Zwar haben alle im Rahmen ihrer Ausbildung den methodischen Einsatz des Bilderbuches, des Kinder- und Jugendbuches erlernt, wie man mit technischen Medien und Geräten sicher umgeht, haben sich Erzieherinnen vorwiegend privat angeeignet. Dabei kann gerade das kreative Arbeiten mit technischen Medien, die Handhabung, z. B. mit Kindern einen eigenen Videofilm zu drehen oder ein Hörspiel aufzunehmen für Kinder eine Hilfe sein, Abläufe und Zusammenhänge zu erfassen und zu durchschauen.

Freizeitgestaltung in der Familie

Nur wenige Menschen können über ihre Zeit ganz frei verfügen. Die Zeiteinteilung hängt unausweichlich von der Art ihrer Arbeit und der Struktur ihres Lebens ab. Für die Lebensgestaltung des Erwachsenen ist es wichtig, das richtige Verhältnis zwischen Arbeitszeit und Freizeit, und das richtige Verhältnis zwischen der Zeit für sich und andere zu finden, für die Familie und die Kinder.

Manchmal krankt die von Erwachsenen organisierte Freizeitgestaltung an der unausgegorenen Vorstellung, sie müsse vom Kind so praktiziert werden wie im Kindergarten oder Hort. Eltern müssen erkennen, daß Kinder freie Zeit brauchen und über diese freie Zeit auch selbst bestimmen können. Die Kinder erfahren so, daß ihre Vorstellungen ernst genommen werden und erfahren, daß Freizeitgestaltung etwas ist, was auch Erwachsenen nicht immer leicht fällt. Demnach hat das Kind eine Chance, die Älteren mit Phantasie und Initiative zu überzeugen. Eltern hierbei zu helfen, kann eine wichtige Aufgabe für Erzieherinnen im Rahmen der Elternarbeit sein.

Bei Gesprächen, die sich mit dem Freizeitverhalten in der Familie beschäftigen, muß die Pädagogin Fingerspitzengefühl entwickeln. Sie sollte die Probleme und Gefühle der Eltern weder unter- noch überbewerten, keine Mahnungen aussprechen, auch nicht zu Verallgemeinerungen greifen oder theoretische Lehrsätze verbreiten. Eltern sind auch nicht bereit, sich in Gesprächen zu öffnen, wenn sie das Gefühl haben, überredet zu werden. Statt die Rolle der allwissenden Beraterin zu übernehmen, ist es wesentlich hilfreicher, wenn die Pädagogin Verständnis für die jeweilige Situation zeigt, Gesprächsbereitschaft signalisiert und sich vorrangig als Impulsgeberin sieht.

Nicht selten erleben Kinder an den scheinbar nicht enden wollenden Wochenenden Spannungen in der Familie, die zu Streitsituationen führen können. Als Beispiel ließe sich ein Streit über den Verlauf der Freizeitgestaltung eines Wochenendes nennen. Statt Nörgeln, Geschimpfe, Schmollen und Machtwort-Sprechen, könnten Alternativen sein:

— Kinderwünsche anhören und ernst nehmen,
— eigene Wünsche äußern,
— gemeinsam über Lösungen nachdenken,
— Kompromißvorschläge machen,
— und vor allem miteinander sprechen.

Wohl jeder von uns hat als Kind Wochenendausflüge gemacht, an die er heute noch gerne zurückdenkt. Im Zeitalter der totalen Motorisierung, die Kinder mehr und mehr von den Schuhsohlen auf die Rückbank im Auto verdrängt, sollten Eltern bei obligatorischen Ausflügen mit dem Wagen bedenken:

— Keine zu großen Strecken am Wochenende fahren.
— Spätestens alle zwei Stunden eine Pause machen und den Kindern Gelegenheit zu ausreichend Bewegung und Spiel geben.
— Bei einer längeren Wochenendtour mit dem Auto unbedingt etwas zum Spielen mitnehmen, wie Puppe, Modellauto, Schlaftier, Bausteinsortiment, Bilderbuch u. ä.
— Verschonen sollten Eltern ihre Kinder unter 12 Jahren mit „Bildungsfahrten", die für Erwachsene noch so eindrucksvoll und beglückend sein mögen, Kinder jedoch zu Tode langweilen.
— Am besten gefallen Kindern Wochenendausflüge, wo sie sich am Zielort stundenlang beschäftigen können, Spielkameraden finden, gefahrloses Spiel möglich ist, sie nicht ständig zur Ruhe ermahnt werden und nicht ständig sauber sein müssen.

Eltern können wir nur immer wieder empfehlen, die körperliche und geistige Entwicklung ihres Kindes anzuregen, indem sie ihm täglich — auch am Wochenende — ausgiebig Gelegenheit zum Spiel im Freien geben. Bei Stadtkindern ist das manchmal sicher nicht so einfach und mit Mühe und Zeitaufwand verbunden. Umso wichtiger ist es gerade dann, den Zeitraum des Wochenendes zu nutzen. Die Bewegung im Freien hilft Haltungsschäden vorzubeugen, reguliert den Appetit und den Schlaf des Kindes.

Von der Zeit

Spiel mit mir Fußball, Vati!
  Ich hab keine Zeit.
Dann kauf dir doch Zeit, Vati!
  Ich kauf mir ein Fahrrad,
  dann komme ich früher nach Hause
  und habe auch Zeit.

Geh mit mir schwimmen, Vati!
  Ich hab keine Zeit.
Du hast doch ein Fahrrad!
  Das macht mich zu müd.
  Ich kaufe ein Auto,
  dann bin ich ganz schnell zu Haus
  und habe auch Zeit.

Zeigst du mir Bilder, Vati?
  Ich hab keine Zeit.
Aber du hast doch ein Auto!
  Das kostet viel Geld.
  Ich arbeite länger,
  bis es bezahlt ist.
  Dann habe ich Zeit.

Da sparte der Junge die Zeit,
sammelte alle verlorene Zeit —
und als die Zeit gekommen war,
und der Vati das Zeitliche segnete,
da kaufte der Junge einen Kranz
für den Vati
und die Zeit.

                    (HANS ADOLF HALBEY 1986)

Wochenend-Kompaß

Häufig gestellte Fragen in den Familien lauten: „Was wollen wir am Wochenende unternehmen? Wo ist etwas los? Wohin wollen wir fahren? Was wollen wir zu Hause machen?" Die Anregung zum Erstellen eines „Wochenend-Kompaß" kann ein Ansatz sein, sich intensiver mit dem eigenen Freizeitverhalten in der Familie auseinanderzusetzen. Zudem macht es Kindern Spaß, ihre Ideen — und seien sie scheinbar noch so verrückt — einzubringen.
Jedes Familienmitglied darf für ein Wochenende bestimmen, was unternommen wird und im Rahmen seiner Möglichkeiten (mit)planen. Es können auch mehrere Freizeitwünsche zur Wahl und zur demokratischen Abstimmung gestellt und dann auf dem Wochenend-Kompaß eingestellt werden.

Herstellung:

Aus Pappe, Tonpapier oder Fotokarton wird eine Scheibe von ca. 25 cm Durchmesser ausgeschnitten. Auf dieser wird mit Hilfe einer Versandklammer ein mit Klebefolie oder Tesafilm beklebter Zeiger angebracht. Auf der Klebefolie kann anschließend mit einem abwischbaren Stift das Wochenenddatum eingetragen werden, an dem die ausgewählte Familienaktion stattfindet. Ebenso läßt sich der Name des Planers/der Planerin eintragen.
Die in gemütlicher Runde gesammelten Freizeitwünsche und konkreten Wochenendvorschläge werden auf die Scheibe geschrieben. Sie läßt sich jederzeit aktualisieren und erweitern. Der Wochenend-Kompaß versteht sich als spielerischer Impuls, die Freizeit mit Kindern in der Familie bedürfnisgerechter und demokratischer zu planen und mit Befriedigung und Zufriedenheit zu erleben. Daß es nicht immer gelingen wird, jedem allzeit gerecht zu werden, steht außer Frage.

Wochenend-Kompaß

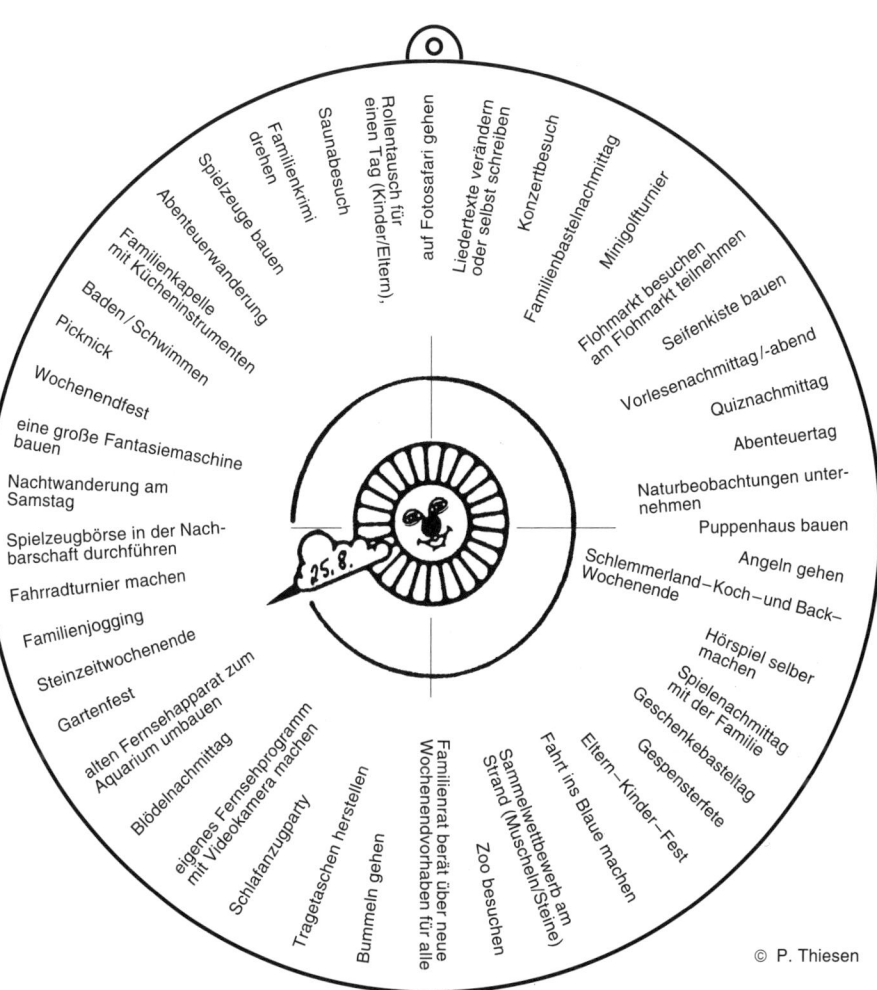

© P. Thiesen

Freizeit-Lexikon

Ergänzend zum Wochenend-Kompaß können die nachfolgenden Stichworte Impulse für Aktivitäten in der Familie bieten. Das kleine Freizeit-Lexikon wird Eltern zugänglich. Seiner Erweiterung durch eigene Ideen der Eltern sind keine Grenzen gesetzt.

Abenteuerspielplatz besuchen
Alten Fernseher zum Aquarium umbauen
Angeln gehen
Anti-Wochenendmuffelangebote ausdenken und umsetzen
Ausflüge (kindgerechte Angebote wählen wie Tierpark, Spielplätze, Freizeitpark, Freilichtmuseum, Wald, Wildgehege)

Baden gehen
Basar besuchen oder selbst veranstalten
Basteln (Unbegrenzte Möglichkeiten bieten sich an, besonders bei tristem Wetter.)
Bauernhof (Wochenende mit der Familie auf dem Lande verbringen)
Bekannte besuchen und einladen
Besichtigung (z. B. zu einer nahegelegenen Attraktion, zum Hafen etc.)
Blödeln (Den Gedanken freien Lauf lassen. Einmal andersherum denken, hauptsächlich Spaß haben.)
Boot (Ruderboot, Tretboot, Motorboot, Segelboot mieten)
Bummeln gehen (Straßen, Parks, Gärten, Wildgehege, Museen wollen durchbummelt und beachtet werden.)
Burg(ruine) besichtigen (Florian wird zum Ritter, Sarah zum Burgfräulein.)
Bücher (Jede Altersgruppe hat ihre Bücher. Kinder freuen sich, wenn Eltern gemeinsam mit ihnen Bücher lesen, betrachten und besprechen.)

Camping-Wochenende im Zelt oder Wohnwagen; im Wald oder am Wasser an einem belebten Platz, mit der Familie allein oder mit anderen. Gekocht wird selbst, und alle helfen mit.

Dampferfahrt machen
Dauerlauf machen
Drachen bauen und steigen lassen
Drucken (Verschiedene Techniken ausprobieren: Kartoffeldruck, Material- und Linoldruck u. v. m.)

Eisenbahn aufbauen

Eltern nehmen sich bewußt mehr Zeit für ihr Kind.

Entdeckungstour machen. Etwas (heraus-)finden, kann ein Wochenend-spaß für Erwachsene und Kinder sein. Nicht ortsgebunden. Man benötigt nur Fantasie, dann kann die Entdeckungsreise bereits zu Hause beginnen. Viele Anregungen bietet das Buch „Umwelt spielend entdecken" von Petra Brandt und Peter Thiesen (Beltz, Weinheim 1991).

Entspannen (Sinnvolles Faulenzen, Abschalten, Erholung bewußt ge-nießen, autogenes Training sind wichtig für psychisches wie physisches Wohlbefinden.)

Erholung am Wochenende bedeutet: ausreichender Schlaf, frische, gesunde Luft, vernünftige Ernährung und viel Bewegung.

Essen (Gemeinsam bereiten wir ein Wochenendmenue mit allem drum und dran.)

Fahrradfahren/Fahrradtour mit Picknick im Grünen

Familienferienstätten bieten Wochenendurlaub an. (Informationen geben kirchliche Dachverbände, der Paritätische Arbeitskreis für Familienerho-lung in 5300 Bonn und der Deutsche Fremdenverkehrsverband in 6000 Frankfurt a. M.)

Fantasie spielen lassen, Fantasiefest veranstalten

Flohmarkt besuchen oder selbst mit den Kindern ausrichten und teil-nehmen

Fotografieren/Fotosafari in die Umgebung unternehmen

Freizeitkompaß erstellen (Welche Freizeitangebote bietet unsere Umge-bung?)

Garten auf Vordermann bringen/Gartenfest feiern

Geschenke basteln (Anlässe etwas zu verschenken, gibt es immer.)

Gesellschaftsspiele aus dem Schrank holen

Gespensterparty feiern (Haus und Wohnung werden für einen Wo-chenendtag zum Spukschloß.)

Gymnastik in der Familie. (Wir machen Trimm-Spiele. Jeder kann sich neue und lustige Gymnastikübungen einfallen lassen.)

Haustelefon bauen

Handarbeiten mit Kindern. (Alter, Entwicklungsstand. Lust, Trends und Moden entscheiden, was und woraus etwas hergestellt wird.)

Hobby (Ein unendliches Thema. Neue Hobbyinteressen werden entdeckt.)
Hörspiel (Familienkrimi u. v. m.)

Indianer kennen die meisten aus Fernsehen und Kino. Es ist sicher viel lustiger, selbst Indianer zu spielen und im Garten ein Indianerlager anzulegen.

Jogging mit der Familie steigert das Wohlbefinden.

Kegeln ist nicht nur ein Vereinssport. Die ganze Familie geht zum Kegeln. Wer „Pudelkönig" wird, überlegt sich für das nächste Wochenende ein neues, lustiges Freizeitangebot.
Kinder haben auch am Wochenende einen Anspruch auf Zuwendung und Bewegung.
Kinderfasching veranstalten (Auch außerhalb der Faschingszeit lassen sich Verkleidungsfeste durchführen.)
Klettern (Nicht nur hohe Gipfel, auch Bäume, Hügel und Mittelgebirge bieten sich an.)
Kochen ist nicht nur Sache des weiblichen Haushaltsvorstands. Am Wochenende und in den Ferien können alle Hobby-Köche in der Familie mit zur Hand gehen.
Kurzurlaub (siehe Bauernhof)

Lachen entspannt und entkrampft — auch am Wochenende.
Lagerfeuer (an ungefährlicher Stelle im Garten; ideal zum Grillen, Geschichten erzählen und Träumen)
Landluft ist auch heute noch frisch und frei von Abgasen. Eine Radtour vorbei an Feldern und Wiesen, verbunden mit einem Picknick, verdient das Prädikat: Besonders wertvoll!
Laufen ist nicht zu verwechseln mit Bummeln, Wandern oder Wettlaufen (siehe Jogging).
Laternenfest/Laternelaufen
Lesen (siehe Bücher)
Liebe zwischen Eltern und Kindern bedeutet auch, sich Zeit zu nehmen, für ausgesprochene wie für vielleicht unausgesprochene Wünsche. Geborgenheit bedeutet, für den anderen da sein, mit ihm bewußt zu leben und zu beweisen, daß man zueinander gehört.
Lieder singen/Liedtexte verändern, gemeinsam musizieren.

Malen (Ausdrücken, gestalten, fantasieren ohne vor einem Kunstkritiker bestehen zu müssen; allein, zu zweit in der ganzen Familie; gemalt werden kann an fast jedem Ort, die Themen sind unbegrenzt.)

Marionetten (einfache Marionetten bauen)

Marionettentheater besuchen

Minigolf mit der ganzen Familie — Wer wird Champ?

Miteinander sprechen — und zwar nicht nur beim und über das Fernsehen — ist für Kinder wie Erwachsene gleichermaßen wichtig.

Modellieren (Ton und andere knet- und formbare Materialien bieten schier unbegrenzte Möglichkeiten der schöpferischen Darstellung.)

Mühle (Wasser- oder Windmühle besuchen; möglichst, wenn sie in Betrieb ist. Mit dem Müller sprechen.)

Mühle als bekanntes Brettspiel kann auch wieder einmal aus dem Schrank geholt werden.

Musik machen (Außer mehr oder weniger „getragener" Hausmusik darf es auch lustig zugehen, wenn das „Familie-Meier-Quartett" auf selbstgebastelten Instrumenten musiziert.)

Nachbarschaftsfete (Nette Familien organisieren im Wohnhaus oder in der unmittelbaren Umgebung ein Wochenendfest für große und kleine Anwohner.)

Nachtwandern (In der Familie oder mit Freunden und deren Kindern geht's in die nächt liche Natur. Heißer Kaffee, Tee und etwas zum Knabbern werden mitgenommen.)

Natur erleben (Die Familie fährt an den Strand, in den Wald oder an einen See oder in die Berge.)

Oma und Opa, wo sie noch vorhanden sind, kümmern sich gern um die Enkel. Um so mehr freuen sie sich bestimmt über eine Einladung zum Picknick oder einen gemeinsamen Ausflug.

Pantomime (Ratespiele ohne Worte — Wer stellt was oder wen dar?)

Papierarbeiten (schneiden, falzen, (auf)kleben, basteln)

Party (Wochenenden sind „die" geeigneten Freizeiträume für Feste aller Art.)

Pause (Ausruhen, Entspannen sind wichtige Erholungselemente zwischen den Aktivzeiten. „Ruhezeiten" am Wochenende sind für Eltern und Kinder gleichsam wichtig. Jeder kann etwas abschalten und sich zurückziehen.)

Picknick am Wochenende sollte, darf in der warmen Jahreszeit nicht fehlen. In der Familie oder zusammen mit Freunden werden Ziele im Grünen ausgesucht, etwas Leckeres zu essen und zu trinken mitgenommen, Bocciakugeln, Federballspiel und ein paar Spielzeuge für die Kinder eingepackt.

Planen ohne sich und die Familie zu verplanen. Alle werden beteiligt und können ihre Wünsche und Vorstellungen äußern. Was wollen wir unternehmen, wo, mit wem, wie lange, womit, wohin soll es gehen?

Puppenspiel (Puppenköpfe und Puppenkleider basteln, dann mit den fertigen Ergebnissen spielen; Puppentheater besuchen.)

Quartier. Soll ein Wochenendkurzurlaub stattfinden, empfiehlt es sich bei der Buchung gleich zu klären, welche Spielmöglichkeiten für die Kinder am Ort bestehen.

Quiznachmittag — Jeder ist einmal Quizmaster.

Radtour mit der Familie

Regen (Eigentlich gibt es kein schlechtes Wetter, nur falsche Bekleidung. Ausgestattet mit „Ostfriesennerzen" — also regenfester Jacke — und Gummistiefeln, kann ein feuchter Ausflug durchaus seinen Reiz haben.)

Regenprogramm (Gesellschaftsspiele, Lesen, Erzählen, einen guten aufgenommenen Videofilm ansehen. Der Fernseher sollte nicht als „Entertainer" für Regenprogramme benutzt werden.)

Rollenspiel (Eltern und Kinder tauschen für einen Tag die Rollen — soweit wie möglich.)

Sammeln (Auf Wochenendausflügen lassen sich viele Dinge sammeln, die dann zu Hause zum Spielen und Basteln Verwendung finden können, wie z. B. kleine Steine, Äste, Tannenzapfen, Wurzeln, Baumrinden, Muscheln usw.)

Schwimmen — körperliche Fitneß für die ganze Familie

Seifenkiste bauen — Vorhaben für mehrere Wochenenden

Spielen bringt Spaß. Je nach Spielart bietet es eine Fülle verschiedenster Förderungen. Spielen ist eine weitgehend orts- und wetterunabhängige Form seelischer Entspannung, geistigen und körperlichen Trainings. (Nützliche Buchvorschläge finden sich im Literaturverzeichnis dieses Buches.)

Sport treiben — Maßgeblich sollte der Fitneßgedanke sein, nicht die Jagd nach Höchstleistungen, verbunden mit Dressur und Streß.

Stadtbesuch/Stadtrallye

Sternwarte besuchen

Stunden mit wahllosem Fernsehen zu verbringen, sind verlorene Stunden.

Tanzen — Je nach Beweglichkeit, Stimmung und Laune können Eltern
auch die Tänze ihrer Kinder ausprobieren oder gemeinsam etwas
Neues einüben.
Theater kann man selber spielen; vielleicht sogar mit der ganzen Familie.
(Laienspiel, Puppenspiel. Ein Besuch des Stadt-Theaters mit allen kann
zum besonderen Wochenenderlebnis werden.)
Tierpark besuchen
Tischtennis benötigt natürlich etwas Platz. Wer eine Vorrichtung hat, kann
ja mal die Nachbarn mit Kindern zum Tischtennistournier einladen.
Trödelmarkt besuchen oder selbst an einem teilnehmen. Sicher findet sich
einiges auf dem Boden und im Keller, was sich verkaufen läßt, und die
Kinder freuen sich über ein Taschengeld, das sie durch den Verkauf
einiger nicht mehr benutzter Spielzeuge verdienen können.

Umwelt bewußt wahrnehmen, entdecken und schützen (siehe Entdek-
kungstour)
Unterhalten ist nicht nur ein zwangloser Austausch von Meinungen.
Unterhalten, miteinander sprechen bedeutet auch Erlebnisse, Erfahrungen, Wünsche und Sorgen auszutauschen. Eltern sollten jede Gelegenheit
zur Unterhaltung wahrnehmen. Gerade am Wochenende ist hierfür
genügend Zeit vorhanden.

Vater sollte sich am Wochenende in besonderer Weise der Familie widmen.
Wenn er gefordert wird, entwickelt er bestimmt gute Ideen.
Verkleidungstag (Wir laufen alle in verrückten Klamotten herum.)

Wald und Wiese sind besonders geeignete Ausflugsziele.
Wandern ist nicht zu verwechseln mit Bummeln oder Laufen. Für die
geplante Wochenendwanderung rüstet sich die Familie entsprechend mit
Kleidung, Schuhwerk und Proviant.
Wasserspiele am Strand (an Sandspielzeug und Bälle denken)
Wassertreten
Wasserspiele (zu Hause im Garten, in der Schwimmhalle, am See, am
Strand)
Wassersport (Schwimmen, Seepferdchen oder Jugendschwimmschein ma-
chen, Bootfahren mit den Eltern, Paddeln, Wasserball)
Werken (Je nach Talent, Alter und Entwicklungsstand eröffnet sich hier
ein breites Feld an Gestaltungsmöglichkeiten mit verschiedensten Tech-
niken und Materialien wie Leder, Holz, Stoff, Modelliermassen u. v. m.)

Wertloses Material kann als reizvolle Grundlage für viele interessante Basteleien dienen.

Wild leben: Ein Wochenende frei von den Einflüssen der Zivilisation. Die Familie lebt einmal entkrampft und ausgelassen. Vielleicht gefällt das wilde, verrückte Wochenende allen so gut, daß es zumindest in der Sommerzeit wiederholt wird.

X-beliebige Freizeitangebote warten auf ihre Umsetzung am Wochenende. Anregungen für fast 250 Interaktionsspiele, darstellende Spiele, Gestaltende Spiele und Mitspielaktionen finden sich in: Peter Thiesen: „Kreatives Spiel mit Kindern, Jugendlichen und Erwachsenen" (Stam/Bardtenschlager, Köln/München 1989).

Yoga und andere anerkannte Entspannungstechniken können Eltern an der Volkshochschule in Kursen lernen. Die Fähigkeit, sich dabei stärker zu kontrollieren, kann auch eine gute Hilfe bei der Bewältigung manch angespannter Wochenendsituation sein.

Zaubern (Zauberkasten kaufen und mit den Kindern zaubern)

Zirkusvorstellung besuchen

Zoobesuch

Zuende ist dieses Wochenend-ABC für die Familie noch lange nicht; es läßt sich beliebig ergänzen. Im Familienrat zu Hause oder auf einem Familienbildungsseminar können gemeinsam mit Erziehern neue Anregungen für erlebnisreiche, kindgemäße wie auch entspannende Freizeitangebote entwickelt werden.

Organisation eines Elternabends zum Montagssyndrom

Die Erziehungsarbeit gelingt um so besser, je enger Pädagoginnen und Eltern zusammenarbeiten und je weniger Kinder unnötigen Zielkonflikten ausgesetzt werden. Das folgende Organisationsmodell für den Kindergarten- und Hortbereich möchte bestimmte Anhaltspunkte aufzeigen, die zu berücksichtigen sind. Gleichzeitig läßt es der Pädagogin genügend Spielraum, je nach Anlaß, Themenschwerpunkt und gewählter Arbeitsform, eigene Akzente zu setzen und zu variieren. Gleich, ob man eine rein informelle Form wählt oder ein gelockertes Beisammensein vorzieht, bedarf der Elternabend einer sorgfältigen Vor- und Nachbereitung.

1. Ausgangslage

Zwischen Erzieherinnen und Eltern gab es wiederholt Gespräche über die Problemlage am Montag. Die älteren Kinder spielen am Montag wild und z. T. sehr rücksichtslos unbewältigte Fernseh- und Filmhandlungen nach, veranstalten Wildwest. Die jüngeren Kinder werden überrollt, ahmen aber dennoch das Verhalten der älteren nach, da sie ebenfalls am Wochenende ausgiebig Fernsehsendungen konsumieren konnten. Andere bekannte, z. B. hier im Buch behandelte Verhaltensweisen werden genannt.

2. Vorbereitung

Gemeinsam mit den Eltern bzw. dem Elternbeirat kommt es zur Zielüberlegung: Was wollen wir erreichen? Welche Ziele formulieren wir?
Erwünscht ist eine Verhaltensänderung der Eltern im Hinblick auf den Fernsehkonsum der Kinder am Wochenende. Es soll also darum gehen, Eltern zur bewußteren Auswahl von Fernsehsendungen anzuregen und sich vertiefter bzw. intensiver als bisher, Gedanken über gemeinsame, kindgerechte Wochenenden in der Familie zu machen.
Von der Zielsetzung her sollte es im Idealfall darum gehen, daß Eltern
— ein verstärktes Problembewußtsein entwickeltn und neue Einsichten entwickeln,
— gemeinsam mit ihren Kindern über deren Freizeitwünsche sprechen und gemeinsam planen,
— geeignete Fernsehsendungen für ihre Kinder oder gemeinsam mit ihnen aussuchen,
— mit ihren Kindern Gespräche zur Verarbeitung von Fernseh- und Videoeindrücken führen,
— und interessante, abwechslungsreiche Alternativen zum Fernsehen entwickeln.

Die Themenformulierungen für den Elternabend zur Montagsproblematik sollten sehr sorgfältig geprüft werden, da das Thema bei den Eltern Erwartungen weckt, die mit konkreten Lösungsansätzen verbunden sind. Das Team bzw. die Leitung der Einrichtung kann den geplanten Abend selbst gestalten oder sich nach einem Referenten (z. B. Dozent/in einer Fachschule für Sozialpädagogik) umschauen, mit dem das Thema zu präzisieren und der exakte Termin festzulegen sind. Dabei ist auch der Verlauf des Abends, z. B. Vortrag, Medieneinsatz, Gruppendiskussion, Vorführung von Fernseh- und Videobeispielen und die Honorarfrage zu klären. Für die Eigenvorbereitung des Abends wird das Team über die eigenen gesammelten Eindrücke und Beobachtungen hinaus, nach Literatur suchen, wie dem „Montagsbuch", gegebenenfalls Fernsehbeispiele auf Videokassette aufnehmen oder geeignetes Film- und Videomaterial bei der Stadt- oder Kreisbildstelle sichten.

Etwa 5 Wochen vor der Veranstaltung sollte mit der Elternvertretung ein Termin festgelegt werden, wobei zu berücksichtigen ist, was sich mit dem vorgesehenen Termin kreuzen und die Eltern von einem Besuch im Kindergarten bzw. Hort (oder in der Schule) abhalten könnte (z. B. ein bedeutsames Fußballspiel im Fernsehen oder ein wichtiges örtliches Ereignis).

Unmittelbar vor dem Elternabend sorgt das Team für die Raumgestaltung, Stuhl- und Tischanordnung und — soweit erforderlich — für das funktionsgerechte Arrangieren der Medien.

3. Durchführung

Am Elternabend selbst folgt nach der Begrüßung eine Einführung in das Thema, das z. B. „Wildwest am Montagmorgen" lautet.
Der weitere Ablauf könnte so aussehen:
— Kurze Darstellung des beabsichtigten Verlaufs (Arbeitsformen),
— Vorstellung der Referentin/des Referenten: Wer er ist, was er macht und worin seine Kompetenz liegt.
— Referat,
— Diskussion.

Am Elternabend müssen wir den Eltern genügend Möglichkeiten einräumen, die bei ihnen auftretenden Schwierigkeiten zu erörtern. Die Eltern müssen sich soweit wie möglich frei äußern können. Wird auf einen Referenten verzichtet, so hat es sich bewährt, kurz nach Beginn des Abends die Eltern mit Papier und Schreibzeug auszustatten und in kleinen Gruppen darüber nachzudenken, welche Probleme im Zusammenhang mit

Wochenende, Fernsehen und Freizeitgestaltung besprochen werden sollten. Nach etwa 15 Minuten erfolgt die Auswertung im Plenum. Die Eltern sind hier aktiv in das Geschehen einbezogen, und die Erzieherinnen erfahren, welche Fragen für Eltern besonders wichtig sind.

Im Gespräch mit den Eltern sollten die Erzieherinnen mit Wertungen zurückhaltend sein. Zum einen, weil sie die Hintergründe, die das Wochenendverhalten bedingen, erst einmal differenziert analysieren müssen, um niemanden durch vorschnelle Wertungen zu verletzen und zum anderen, um mögliche Verhaltensänderungen der Eltern nicht zu blockieren.

Nach der Durchführung wird aufgeräumt, da es am anderen Tag wieder klappen soll. Das Team klärt, wer ausgeliehene Medien (Filme, Video, Geräte, Anschauungsmaterialien, Bücher etc.) wegbringt; gegebenenfalls Abrechnung der Einnahmen und Ausgaben.

4. Auswertung

In einer Nachbearbeitung wird das Team Gedanken über den Verlauf des Abends anstellen und reflektieren, wie er von den Eltern aufgenommen wurde, ob das Thema richtig gewählt war, man eine glückliche Hand bei der Auswahl des Referenten hatte, und was die Diskussion gebracht hat. Das Team wird sich auch Klarheit verschaffen, ob z. B. die Einladung richtig formuliert, die Bestuhlung günstig und die Medien passend gewählt waren.

5. Folgerungen für die pädagogische Arbeit

Am Ende der Auswertung hat das Team zu klären, welche Folgerungen sich im Hinblick auf das pädagogische Handeln ergeben, inwieweit sich das Verhalten des Teams, jeder Pädagogin für sich und der Eltern kurz- und langfristig ändern sollten. Besonders in Einzelgesprächen können wir Eltern ermutigen, das gemeinsam Erarbeitete mit ihren Kindern auszuprobieren und sie bitten, über ihre Erfahrungen zu berichten.

Die Pädagoginnen überlegen, ob und welche Forderungen sich an die Einrichtung ergeben; z. B. spezielle Montagsangebote, Medienarbeit, Elternfortbildungsangebote u. a. m. Die Ergebnisse des Abends lassen sich zunächst in einem Elternbrief oder durch Aushang am Schwarzen Brett darstellen. Bei einem weiteren Elternabend erweist es sich als sehr hilfreich, zu Beginn auf Erfahrungsberichte seit dem letzten Treffen einzugehen.

Der Erzieherin in Kindergarten und Hort stehen ebenso wie der Grundschullehrerin weitere Möglichkeiten offen, um mit Eltern über die Montagsproblematik, Fernsehen und Wochenende ins Gespräch zu kommen.

Es bieten sich an
1. bezogen auf einzelne Eltern:
   - Beratungsgespräch
   - „Tür- und Angelgespräch" bei der Ankunft und beim Abholen des Kindes
   - Brief/Kurzmitteilung
   - Telefonat
   - Hausbesuch (nach vorheriger Absprache)

2. bezogen auf die gesamte Elterngruppe:
   - Elterninformationsabend
   - Elternfortbildungsangebote (Elternkurse/Elternverhaltenstraining in Zusammenarbeit mit einem anerkannten Träger)
   - Elterntreff (lockere Zusammenkünfte)
   - Tag der offenen Tür, z. B. mit dem Thema „Kinder und Medien"
   - Rundbrief/Zeitung (z. B. „Wochenendkompaß", „Wochenend-ABC")
   - Merkblatt/Infozettel
   - Schaukasten/Informationsbrett
   - Projekt (Eltern, Erzieher und Kinder drehen einen Videofilm).

Welche Form der Elternarbeit auch gewählt wird: für die Eltern sollte ein Bewußtsein entstehen, daß Zusammenarbeit mit der Erzieherin/Lehrerin das eigentlich Normale darstellt und daß Kindergarten, Hort und Schule nicht nur dann aufgesucht werden, wenn gravierende Probleme entstanden sind.

5 Mehr als ein Montagssyndrom – Verhaltens- auffälligkeiten, die spezielle Beratung erfordern

Häufig wird aus Unwissenheit ein Kind vorschnell als „hyperaktiv" bezeichnet, weil es sehr aktiv oder gar „überaktiv" ist, ohne jedoch unbeherrscht und unaufmerksam zu sein. Hier liegen normalerweise keine Entwicklungsprobleme vor, sondern die Ursachen für dieses Verhalten sind z. B. im häuslichen Umfeld zu suchen. Hyperaktivität ist ein durchgängiger Verhaltensstil, der also nicht nur an einem Tag wie dem Montag zu beobachten ist. Die betroffenen Kinder – Jungen erhalten drei- bis viermal häufiger diese Diagnose als Mädchen – wirken durchgehend ungeordnet und chaotisch. Sie bleiben nicht so lange wie ihre Altersgenossen bei einer Sache, sind viel schneller ablenkbar, ruhelos und tendieren zu vorschnellen Handlungen, die sie oft in Schwierigkeiten oder Gefahr bringen. Hyper- aktive Kinder bedeuten eine starke Belastung für ihre Familie, die Erzie- herin und Lehrerin, ihre Gruppe und Klasse. Hyperaktivität hat viele Ursachen, die erst durch kompetente Fachleute (z. B. Kinderärzte, klinische Diplom-Psychologen oder spezialisierte Heilpädagogen) ermittelt werden müssen, um erfolgreich darauf eingehen zu können. Die meisten Kinder werden mit dem Heranwachsen immer konzentrierter und ruhiger. Eltern, Erzieher und Lehrer müssen dem hyperaktiven Kind gegenüber ein hohes Maß an Geduld und Verständnis aufbringen und viele Belastungsproben bestehen, wollen sie die vorhandenen Komplikationen abbauen und das Endergebnis verbessern. In den meisten Fällen wird fachliche Hilfe von- nöten sein.
Eine völlig störungsfreie Entwicklung ist heutzutage eher selten. Beobachten Eltern, Erzieherin und Lehrerin folgende Verhaltensweisen der Kinder, so können sie Warnsignale sein, die über das Montagssyndrom hinausgehen:

- Überaktivität: Das Kind ist ausgeprägt zappelig, spielt ständig erregt und planlos, fällt durch Ungeschicktheit auf, die seinem körperlichen Entwicklungsstand nicht entspricht.
- Daumenlutschen, Nägelkauen, Haarausreißen,
- Zähneknirschen (nächtlich und tagsüber),

- Augenblinzeln, Verziehen des Mundes, Schulterzucken, ruckartiges Kopfwenden zur Seite,
- rhythmische Schaukelbewegungen des Kopfes oder des ganzen Körpers,
- Schlafstörungen und Angstzustände: Das Kind wacht z. B. nachts immer wieder weinend auf, wirkt verstört oder es hat übermäßige Furcht vor bestimmten Tieren, vor Dunkelheit und Gewitter.
- Einnässen oder Einkoten,
- Sprachstörungen wie Stottern oder Stammeln.

Die meisten dieser Verhaltensweisen treten irgendwann einmal beim Klein- und Vorschulkind auf und verschwinden wieder von selbst. Treten die Verhaltensweisen jedoch mit großer Häufigkeit und über längere Zeit auf, so sollten wir sie nicht ignorieren. Das gilt auch für eine Reihe von alltäglichen Krankheitsbildern, die nicht nur organisch, sondern auch psychosomatisch bedingt sein können, wie z. B. Eßstörungen (Appetitlosigkeit, Übergewicht, häufiges Erbrechen), Durchfall, Verstopfung, Atembeschwerden, Einschlaf- und Durchschlafstörungen.

Bestimmte Auffälligkeiten im Sozialverhalten des Kindes können ebenfalls Anzeichen einer seelischen Störung sein. Dies gilt insbesondere für:
- aggressives Verhalten, bei dem das Kind immer wieder ohne erkennbaren Anlaß auf andere losgeht und schlägt.
- Kontaktstörungen; ständige Distanz und Scheu auf Gleichaltrige zuzugehen; es reagiert vorwiegend mit ängstlichem Rückzug.
- Spielunfähigkeit: Das Kind spielt kaum und ist nicht in der Lage, sich auf ein Spiel zu konzentrieren, kann nicht allein für sich spielen, will ständig Anregungen vom Erwachsenen haben, entwickelt keine eigenen Spielideen.

Es ist nicht immer notwendig, bei allen genannten Auffälligkeiten den Rat von Fachleuten einzuholen. Oft erreichen Eltern und Erzieherin schon sehr viel dadurch, daß sie einfühlsam und geduldig auf das Kind eingehen. In bestimmten Fällen ist es ratsam, sich an Fachkräfte wie Diplom-Psychologen, Diplom-Sozialpädagogen, Ärzte oder Heilpädagogen zu wenden, die in Erziehungs- und Familienberatungsstellen tätig sind und häufig über eine psychotherapeutische Zusatzausbildung verfügen. Viele Eltern, die Sorgen mit ihren Kindern haben, scheuen sich, eine Erziehungsberatungsstelle aufzusuchen, weil sie befürchten vom Berater hören zu müssen, das eigene Kind „sei nicht ganz normal". Oder sie sind unsicher, weil ihnen nicht klar ist, was auf sie zukommt. Erzieherin und Lehrerin können im Rahmen ihrer pädagogischen Möglichkeiten Eltern helfen, unbegründete Sorgen zu nehmen und Unsicherheiten abzubauen. Zu den Arbeitsschwerpunkten von Erziehungsberatungsstellen, deren Mitarbeiter der Schweigepflicht unterliegen, gehören die Feststellung von Verhaltensauffälligkeiten, Hilfen bei Erziehungsschwierigkeiten und Entwicklungsstörungen, ferner die Beratung und Therapie zur Behebung von Auffälligkeiten. Erziehungsberatungsstellen wirken auch in Zusammenarbeit mit anderen sozialpädagogischen Institutionen bei vorbeugenden Maßnahmen gegen Erziehungsfehler mit.

Besonders erfolgreich wird z. B. die Spieltherapie (Selbstheilung im Spielprozeß) bei Kindern bis zum 12. Lebensjahr eingesetzt. Sie findet z. B. Anwendung bei Konzentrationsstörungen, allgemeiner Ängstlichkeit, Einnässen, motorischer Unruhe, Streitsucht, Passivität, Störungen der Feinmotorik und psychischer Retardierung.

Ziele der Spieltherapie sind unter anderem:
— Ausleben aufgestauter Energien und Aggressionen,
— Überwinden von Schwierigkeiten (Problemlösungsverhalten),
— eigene Gefühle gegenüber anderen besser ausdrücken können,
— Durchsetzungsvermögen entwickeln,
— Abbau von Ängsten und Minderwertigkeitsgefühlen,
— Steigerung der aktiven Erlebnisfähigkeit (z. B. im musischen, gestalterischen oder sprachlichen Bereich),
— Aufbau eines positiven Selbstwertgefühls und Vertrauen zur Umwelt.

Montagsangebote für Kindergarten, Hort und Grundschule

Spielpädagogische Hinweise

Kind, Spiel und Bewegung bilden eine Einheit. Im Spiel hat das Kind die Möglichkeit, seine Bedürfnisse und Gefühle auszudrücken. Alles, was das Kind erlebt, wiederholt es viele Male im Spiel, um es sich geistig anzueignen.

Körper, Verstand und Persönlichkeit brauchen das Spiel, damit sich Bewegung, Sinne, Denken, Sprache und Sozialverhalten im Laufe der Entwicklung voll entfalten können. Im Spiel wird das Kind aber auch schöpferisch tätig, setzt Ideen frei, wird sensibel für das, was von anderen kommt und wird sich seiner eigenen Fähigkeiten bewußt. Unbestritten ist auch die Erkenntnis, daß Kinder im Spiel die Möglichkeit haben, unbewältigte Konflikte zu verarbeiten und spontan oder längerfristig zu lösen.

Das spielende Kind fragt nicht, wieso und wozu es spielt. Es sucht nicht nach dem Zweck und Ziel des Spiels, sondern spielt einfach aus der Lebendigkeit seines Seins heraus. Neben den vom Kind selbst gewählten Freispielsituationen bieten gelenkte Spielangebote und strukturierte Aktivitäten der Pädagogin die Möglichkeit, auf die Montagsproblematik angemessen zu reagieren.

Überlegungen zum Einsatz von Montagsangeboten im Hinblick auf die Kinder:

— Welche Interessen und Spielwünsche liegen heute vor?
— Durch welche Spielangebote lassen sich die Interessen und Bedürfnisse der Kinder befriedigen?
— Welche Spiele sind speziell für meine Gruppe/Klasse geeignet?
— Worauf ist beim Spielen heute besonders zu achten?
— Welche Spiele bzw. Aktivitäten wähle ich als Einstieg?

Das Gelingen des angestrebten Heilungsprozesses hängt in besonderem Maße vom Verhalten des Spieltherapeuten ab. Er muß die Gefühle des Kindes spontan erkennen und reflektieren, um ihm so Einsicht in sein Verhalten geben zu können. Vor Beginn der Behandlung werden die Eltern

Erlebt ein Kind Nachsicht,
lernt es Geduld.
Erlebt ein Kind Ermutigung,
lernt es Zuversicht.
Erlebt ein Kind Lob,
lernt es Empfänglichkeit.
Erlebt ein Kind Bejahung,
lernt es lieben.
Erlebt ein Kind Zustimmung,
lernt es, sich selbst zu mögen.
Erlebt ein Kind Anerkennung,
lernt es, daß es gut ist,
ein Ziel zu haben.
Erlebt ein Kind Ehrlichkeit,
lernt es, was Wahrheit ist.
Erlebt ein Kind Fairneß,
lernt es Gerechtigkeit.
Erlebt ein Kind Sicherheit,
lernt es Vertrauen in sich selbst
und in jene über ihm.
Erlebt ein Kind Freundlichkeit,
lernt es die Welt als Platz kennen,
in dem gut Wohnen ist.

(Verfasser unbekannt)

durch die therapeutische Fachkraft in die Ziele und den Verlauf eingewiesen. Da die Entwicklung und das Verhalten des Kindes ganz mit den Problemen der Eltern, der Atmosphäre im Elternhaus und mit der Einstellung der Eltern ihren Kindern gegenüber verknüpft ist, bedeutet eine effektive Erziehungsberatung zugleich auch immer Familienberatung. Eltern bleiben die wichtigste Bezugsperson für ihr Kind. Deswegen wird die beste Hilfe von Beratern und Therapeuten sein, Eltern zu befähigen, ihren Kindern zu helfen.
— Welche Spieldynamik geht vom Spiel aus?
— Wie bringe ich das Spiel an die Kinder heran?
— Wieviele Kinder können mitspielen?
— Für welche Spiele werden Materialien und Hilfsmittel benötigt?

— Welche Spielmittel setze ich ein (z. B. um das Sozialverhalten untereinander zu fördern)?

Überlegungen zum eigenen Erzieher- und Spielleiterverhalten und dessen Wirkung auf die Kinder:
— Wie gehe ich auf die Gruppe zu (freundlich/schulmeisternd)?
— Wie fühle ich mich in der Gruppe/Klasse?
— Wo liegen meine Stärken/Schwächen?
— Wie steht es um meine eigene Motivation heute?
— Kann ich eigene Bedürfnisse zurückstellen?
— Wie werde ich mit unvorhergesehenen Situationen fertig?
— Bin ich vorrangig beobachtend, beteiligt oder stärker anleitend? Warum?

Es liegt in der Hand der Pädagogin, für eine Spielatmosphäre zu sorgen, in der sich die Kinder wohlfühlen und Spielbereitschaft im konstruktiven Sinn entwickeln. Am Montag wird die Pädagogin in besonderer Weise
— animieren,
— beobachten,
— sich selbst einbringen,
— mitmachen,
— zuhören,
— Sicherheit geben,
— Konsequenz zeigen,
— sich nicht vorschnell irritieren lassen,
— sich spontan auf Veränderungen einstellen und Blitzentscheidungen treffen müssen.

Gerade am Montag sollten die Spielhandlungen und Angebote interessant und abwechslungsreich gestaltet sein. Die augenblickliche Verfassung und Bedürfnisse der Kinder sind ebenso zu berücksichtigen wie situative Gegebenheiten und äußere Umstände. Um die spontane Ausdrucksfähigkeit der Kinder zu erhalten und um intensives Spiel zu ermöglichen, sollten wir Bedingungen schaffen, die Aktivierung, Intensität und Bedürfnisbefriedigung des Kindes führen. Für das angeleitete Spiel am Montag sollten die Angebote so ausgewählt werden, daß sie durch entsprechende körperliche und geistige Anforderungen ihren Reiz behalten. Neben bewegungsaktiven Spielen werden wir auch Spiele anbieten, die das Gespräch, das kreative Handeln und das Wahrnehmungsvermögen fördern. Spannung und Entspannung sollten sich sinnvoll abwechseln.

Montagsangebote im Überblick

Spiel- und Aktivitätsform	Erlebnisbereich	Wirkung	Verhaltenssteuerung aus Sicht der Kinder
Freispielsituationen	– Lustvolles Spielen und Tätigsein – Ausleben des Bewegungsdranges – seine Umwelt selbsttätig, kreativ und funktional verändern	– Kind kann sich selbst „in Ordnung bringen" – Kind lernt sich einzuschätzen – Phantasie wird freigesetzt – weitgehend eigenständige Problemlösung	selbstbestimmt
Gespräche mit Kindern, Erzähl- und Sprachspiele	– verbale Rückmeldung, Reflexion, Erlebtes beurteilen – Problembewußtsein, – Normen, Werte, Einstellungen – differenziertes Sprechen – innere Anteilnahme	– eigene Einstellung wird ausgedrückt – Einfälle werden geäußert – Mitfühlen – reflektierendes Erleben des Wochenendes	selbstbestimmt bis teilweise fremd-bestimmt
Darstellendes Spiel, Rollen- und Puppenspiel	– verbale und nonverbale Kommunikation – Einstellungen, Verhaltens-weisen, Ängste ausdrücken und darstellen – Einfälle produzieren – planende und handelnde Teilnahme – soziales Miteinander-Umgehen	– Aufarbeitung von Erlebnissen (Fernsehen, Familie, Wochenendgeschehen) – Stellung nehmen, Gefühle äußern – Erlebtes rational verarbeiten – sich mit den Handlungen der anderen in Einklang bringen – vielfältige Auseinander-setzung auf kognitiver, emotionaler und psycho-motorischer Ebene – Impulse aufgreifen und spielerisch umsetzen	teilweise fremd-bestimmt bis mehr selbstbestimmt

Aktivität	Beschreibung	Ziele	Bestimmung
Tobe- und Bewegungsspiele, Quatsch und Schabernak	– Spaß haben, Freude erleben – auf harmlose Weise den Bewegungsdrang abbauen – motorisches Ausleben – aber auch: sich in die Gruppe einordnen, Fairneß im Miteinander, Selbstbeherrschung, Rücksicht	– emotionale Zufriedenheit – positive Grundbestimmung, angenehmes Lebensgefühl – „überschüssige Kräfte" abbauen – körperlich-seelisches Wohlbefinden	selbstbestimmt bis fremdbestimmt
Interaktionsspiele	– Gefühle verbal und körperlich ausdrücken – Kontaktaufnahme zur Gruppe – mit anderen kooperieren	– Erweiterung der sozialen Kompetenz – Bedürfnisspannungen und belastende Situationen im zwischenmenschlichen Bereich werden leichter ertragen	selbstbestimmt bis fremdbestimmt
Entspannungsspiele	– Sammlung – Besinnung – körperlich-muskuläre Entspannung	– nervliche Erholung – richtiges Maß von Bewegung und Ruhe, Freiheit und Ordnung fördern die innere Zufriedenheit – entängstigend – Horizonterweiterung	fremdbestimmt bis selbstbestimmt
Malen und bildnerisches Gestalten	– Gefühle und Erlebnisse ausdrücken – Erkennen, Interpretieren, Umgestalten der Umwelt – eigenschöpferisches Umgehen mit Materialien – Freude am Hantieren mit Material und Technik	– Stärkung der Äußerungs- und Zuwendungsfähigkeit – Kind erkennt den Wert eigener Ausdrucksfähigkeit – Abbau des Konsumdenkens – Gewinnung ästhetischer Wertmaßstäbe	selbstbestimmt bis teilweise fremdbestimmt

Am Montag kann das Ansagen der Spiele manchmal problematisch sein. Die Kinder hören nicht richtig zu, albern herum und verstehen so die Spielregeln nicht. Um dem vorzubeugen, sollten wir vor der Ansage von Spielregeln die Kinder sich hinsetzen lassen, denn im Stehen ist es nun einmal leichter, sich zu treten und zu ärgern, so daß schnell vermehrte Unruhe entstehen kann. Um bei der Erklärung von Spielregeln bei den Kindern auf Verständnis zu stoßen, sind kurze, klare, einfache Sätze der richtige Weg. Wo es geboten ist, spielt die Pädagogin mit, dominiert aber nicht, sondern lenkt behutsam. Mißerfolgsfrustrierte Kinder bedürfen dabei der besonderen Ermutigung.

In der Regel bestimmen die Kinder, wie lange ein Spiel dauern soll. Die Gesamtspielzeit richtet sich auch danach, welchen Raum die beliebten Spiele der Kinder einnehmen und welche Spiele neu eingeführt werden.

Die „Montagsangebote" in diesem Buch verstehen sich als Anregungen zum Miteinanderspielen, als Unterstützung für einen konstruktiven Wochenstart, als Auslebe- und Reflexionsmöglichkeiten und Förderungsangebote mit langfristiger Wirkung. Die aufgeführten Spielanregungen ermöglichen den Kindern ihre Bewegungsbedürfnisse zu befriedigen und Gefühle, Eindrücke, Stimmungen, Freude und Ärger aussprechen und ausleben zu können.

Alle Spiele und Aktivitäten sind genau beschrieben, verfügen über didaktisch-methodische Hinweise und Angaben zum Einsatzbereich, zu Materialien und Variationen. Die Spielangebote lassen der Erzieherin und Lehrerin genügend Raum zur individuellen Veränderung für den situativen Einsatz in ihrer Gruppe bzw. Klasse.

1 Freispielsituationen schaffen – Freiheitsspielraum gewähren

Wenn sich motorische Bedürfnisse in Aggressionen und störendem Verhalten ausdrücken, dann fehlen angemessene Spielsituationen, in die das Kind diese Bedürfnisse einbringen kann. Das Freispiel ist eine der sehr guten Möglichkeiten, wo Kinder sich selbst „in Ordnung" bringen können. Sie dürfen hier tun, wozu sie Lust und Laune haben, und sei es, daß „nur" so herumgetobt wird.

Freispiel bedeutet in erster Linie freies und spontanes, aus eigener Initiative und aus eigenen Vorstellungen heraus entwickeltes Spiel des Kindes. Die Möglichkeiten dazu müssen ihm von außen (durch die Erziehenden) zur Verfügung gestellt werden. Nur wenn wir Kinder selbständig handeln lassen und ihnen entsprechende Beziehungs- und Handlungsmöglichkeiten anbieten, werden sie lernen, gesetzte Grenzen anzunehmen. Die indirekte Führung des Freispiels erfordert von der Pädagogin Aufmerksamkeit, Einfühlungsvermögen und Zurückhaltung, jedoch auch aktive Zuwendung gegenüber den Kindern und Konsequenz, wo sie gefordert wird.

Am Montag stellt das Freispiel besondere Anforderungen an die innere Freiheit und Selbstdisziplin der Erzieherin. Aus dieser Sicherheit heraus, die auch eine Frage der Berufserfahrung ist, kann sie Kindern den „Freiheitsspielraum" gewähren, den diese bewältigen können.

Die Pädagogin in Kindergarten und Hort wird sich z. B. am Montag fragen müssen:
— Wieviel Unordnung will ich heute in Kauf nehmen? Welchen Stellenwert haben Ruhe und Ordnung bei mir gegenüber recht lebhaftem Spiel und gegenüber der damit oft verbundenen Unordnung? Raumausstattung und Raumgestaltung sind für mögliche Aktivitäten der Kinder während des Freispiels bestimmend. Ist es sinnvoll, den Raum heute zu verändern (Möbel umstellen)?

- Welche Materialien mache ich den Kindern zugänglich?
- Wieweit lasse ich die Kinder mit dem Spielmaterial nach eigenen Ideen umgehen (z. B. wenn vorwiegend aus Nopper- und Legosteinen Pistolen und Maschinengewehre gebaut werden, mit denen die Kinder anschließend herumballern).

Unabhängig vom Montag sollte der Gruppenraum (auch in der Klasse bieten sich entsprechende Möglichkeiten) hin und wieder gemeinsam mit den Kindern umgestaltet werden, wenn das Bedürfnis vorhanden ist. Am Montagmorgen sollten organisatorische und verwaltungstechnische Arbeiten während der Zeit des Freispiels tabu sein, damit sich die Erzieherin voll den Kindern widmen kann.

Bei der Durchführung des Freispiels hat die Erzieherin neben ihrer Rolle als Beobachterin eine Reihe unterschiedlicher Aufgaben wahrzunehmen:
- Ratlosen Kindern Materialvorschläge machen, Spiele vorschlagen; „Unruhegeistern", die andere stören, Anregungen geben, etwas zu tun, das ihnen Freude bereiten kann (gegebenenfalls etwas gemeinsam mit diesen Kindern unternehmen).
- Intensiv spielende Kinder vor Störungen durch andere Kinder schützen. Kinder, die Fernseherlebnisse aggressiv ausspielen, ansprechen, sie erzählen lassen. Kinder, die sich über lange Zeit mit nur einem Material beschäftigen und dabei keine weiterführende Idee entwickeln, anregen und ihnen Spielimpulse geben.
- Mit einem ängstlichen Kind zusammen eine Aktivität ausüben und es anderen Kindern zuführen.
- Kindern mit auffallend häufigem Materialwechsel helfen, Ausdauer im Umgang mit einem Material zu entwickeln durch Zuschauen und Mitmachen der Erzieherin.
- Einem Kind, das etwas erzählen und berichten möchte, mit echter Teilnahme zuhören.
- Den Widerspruch eines Kindes akzeptieren. Kinder müssen sich uns Erwachsenen ohnehin oft genug anpassen.
- Spielzeug, das zerstört wurde, möglichst sofort mit dem Kind gemeinsam ausbessern, dem es passierte. Es sieht so, daß der Schaden behebbar ist; nicht schimpfen, besser mit Ich-Botschaft arbeiten.
- Bei Konflikten abwarten, ob die Kinder selbst zu einer Lösung kommen.
- Konsequent im Erzieherverhalten und in den Anforderungen sein; Grenzen setzen, die wir mit zunehmender Sicherheit und Selbständigkeit der Kinder entsprechend erweitern.

— Soweit wie möglich selbst Ruhe ausstrahlen. Die eigene Hast, (Montags-) Lustlosigkeit und Unruhe überträgt sich sofort auf die Kinder.
— Das Ende der Freispielzeit rechtzeitig ankündigen.

Außer bei strömendem Regen oder stürmischem Unwetter sollte am Montag unbedingt eine Spielphase im Freien eingeplant sein. Das Freispiel draußen ist mehr als bloßes Herumspringen und Herumtoben. Es gibt der Erzieherin Einblick in die Erlebniswelt des Kindes und vermittelt ihm Erfahrungen, seinen Körper einzusetzen. Dies verschafft dem Kind ein Gefühl der Zufriedenheit.

Dem Spiel im Freien sollten wir immer den Vorzug geben, wenn die Witterungsverhältnisse den Aufenthalt an der frischen Luft gefahrenlos erlauben, die Kinder entsprechend gekleidet sind und der Spielplatz frei von Gefahrenquellen (z. B. von herumliegenden Glasscherben) ist. Auch bei niedrigen Temperaturen macht das Spiel im Freien großen Spaß, wenn die Erzieherin darauf achtet, daß die Kinder genügend in Bewegung sind. Das Freispiel im Freien vermittelt echtes Erleben und hält zu aktivem Handeln an. Die Kinder können in frischer Luft ihre körperlichen Fähigkeiten, Geschicklichkeit, Körperkraft, Reaktion und Ausdauer nahezu uneingeschränkt weiterentwickeln. Sie erleben die Wechselwirkung zwischen aktivem Einsatz und passivem Geschehenlassen, zwischen Anspannung und Entspannung. Beim Freispiel im Freien hat das Kind besondere Gelegenheit, die Andersartigkeit verschiedener Spielräume zu erfahren. Da hat ein Abhang einen anderen Aufforderungscharakter als ein Spielraum mit Bäumen und viel Gebüsch, ein Spielplatz mit Geräten wieder einen anderen als ein asphaltierter Hof oder ein Gelände mit Wasser. Vielfältige Spielräume ermöglichen vielfältige und differenzierte Handlungen und Bewegungserfahrungen über die Ventilfunktion des Abreagierens hinaus. So besitzt das Freispiel im Freien auch stets eine wichtige Ausgleichsfunktion, die für die körperlich-geistige Entwicklung des Kindes kurz- wie langfristig von großer Bedeutung ist.

2 Gespräche führen, Erzählen, Zuhören –
Ansichten freien Lauf lassen

Am Montag erzählen sich Kinder untereinander von ihren Wochenenderlebnissen, berichten über gesehene Fernsehsendungen und schwärmen von ihren Lieblingsdarstellern und Filmhelden. Nicht selten wird die Pädagogin in das Gespräch einbezogen, besonders dann, wenn lautstark wilde Szenen wiedergegeben und mit entsprechend „körperlichem Nachdruck" den gleichaltrigen Zuhörern verdeutlicht werden.
Gespräche über Wochenend- und Fernseherlebnisse zwischen Kind und Pädagogin finden meist in kleineren Gruppen oder mit einzelnen Kindern während einer Freispielsituation statt. Ergeben sich dabei Inhalte, die für alle Kinder aktuell sind, sollten sie mit der Gesamtgruppe besprochen werden.
Das Gespräch mit Kindern ist ein zentrales Anliegen der pädagogischen Arbeit in Kindergarten und Hort und ganz besonders in der Grundschule. Vorschulkinder sind in der Regel sehr mitteilsam und wissen schon ganz gut, was sie mit ihrer Sprache alles anfangen können, z. B. die Aufmerksamkeit auf sich ziehen, Wünsche und Meinungen zum Ausdruck bringen, über Gefühle sprechen, das Verhalten anderer beeinflussen, den anderen etwas über sich sagen und Kontakt zu anderen aufnehmen.

Warum Gespräche über Fernsehsendungen?

Sehr oft werden Kinder beim Anschauen von Fernsehsendungen und Videofilmen zu Hause im Stich gelassen. Dabei ist das Zuendebringen eines Erlebnisses im frühen Kindesalter sehr wichtig. Es schafft Sicherheit und stärkt das Selbstbewußtsein. Durch die Aufarbeitung von Fernsehinhalten können wir einen Bezug zur Lebenssituation der Kinder herstellen. Die Erzieherin/Lehrerin erfährt, was den Kindern gefiel, was sie besonders betroffen machte und bewegte. Im Gespräch wollen Kinder dann z. B. auch wissen, warum Menschen im Fernsehen fliegen können, warum jemand, der in einem Film erschossen wurde, im nächsten wieder mitspielt, warum

die Kinder im Werbefernsehen immer alles bekommen, was sie wollen. Auch werden sie fragen, warum Eltern und Erzieherin/Lehrerin nicht mögen, daß sie Wildwestszenen nachspielen und sich Pistolen bauen, wie sie doch auch im Fernsehen benutzt werden.

Vorüberlegungen der Pädagogin bei einem Gespräch mit Kindern über Fernsehsendungen können sein:
— Welchen Inhalt hatte der Film?
— Enthielt der Film neue, für die Kinder wichtige Informationen?
— Wodurch sprach der Film die Kinder an?
— Befriedigte der Film kindliche Bedürfnisse?
— Waren die Aussagen des Films klar, verständlich, kindgemäß?
— War der Film spannend/langweilig/lustig/traurig/angstauslösend?
— Was hat die Kinder am meisten beeindruckt/interessiert? Warum?

Die Erzieherin regt zum Gespräch an, hört zu, wartet ab, stellt Fragen zum Fernsehthema. Beim Gespräch über Fernsehsendungen sollten die Kinder zunächst einmal Gelegenheit haben, ihren Ansichten freien Lauf zu lassen. Das freie Erzählen nimmt ihnen den filmischen Erlebnisdruck. Außerdem hat die Pädagogin so besser die Möglichkeit, Falsch-, Halb- oder Nichtverstandenes der Kinder aufzuklären. Bei Gesprächen über Fernseherlebnisse der Kinder müssen wir uns auch bewußt sein, daß Kinder andere Erlebnis- und Verstehensweisen haben als Erwachsene. Aussagen der Kinder, wie „Knightrider ist toll" oder „Ghostbusters" ist viel besser als „Die Sendung mit der Maus", sollten hinterfragt werden: „Warum findest du Knightrider toll?" oder „Wie meinst du das?", „Wie kommst du darauf?".

Medieneindrücke müssen verarbeitet werden. Deswegen ist es wichtig, Eltern anzuregen, am Ende einer Sendung mit ihrem Kind über den Inhalt zu sprechen und ihm so Gelegenheit zur Verarbeitung des Gesehenen zu geben.

Spielvorschläge

Keine Angst vor der Angstmachermusik

Filme und Fernsehsendungen bestehen nicht nur aus Bildern. Neben den Bildern und Dialogen tragen besonders Geräusche und Begleitmusik zur Wirkung eines Films bei.

Die Erzieherin/Lehrerin kann beobachten oder die Kinder fragen, wer sich bei aufregenden oder gruseligen Szenen die Augen und wer sich lieber die Ohren zuhält.

Zur Aufarbeitung bieten sich Spiele an, die den Kindern deutlich machen, welche unterschiedlichen Stimmungen und Eindrücke Geräusche und Musik erzeugen, und wie sie selbst künstlich Geräusche herstellen können.

Nehmen wir zum Beispiel:

Peter und der Wolf

Zu Prokofiews „Peter und der Wolf", zu dem es auch einige Bilderbücher gibt, hören die Kinder sich die Musik an und bestimmen, zu welchem Tier, zu welcher Person oder Handlung die Musik paßt.

Variationen: Die Kinder drücken zur Musik Prokofiews selbst ihre Gefühle durch Bewegungen, Gesten und Mimik aus. Oder: Die Kinder können selber Geräusche und Musik machen und die Instrumente dafür herstellen. Bei der Erprobung wird darüber gesprochen, welche Geräusche, Musik und Rhythmen ängstigend, aufregend oder beruhigend sind.

Spiele mit der Videokassette

Ist in einer Einrichtung ein Videogerät vorhanden, können wir mit einer auf Kassette aufgenommenen Fernsehsendung spielen, indem wir
— sie nicht ganz zu Ende zeigen, sondern an einer bestimmten Stelle stoppen. Das Ende wird von den Kindern weitererzählt.
— sie ohne Ton laufen lassen. Die Kinder denken sich selbst Texte und Musik aus.
— sie ganz zeigen, und die Kinder die Geschichte bzw. den Inhalt weiterphantasieren.

Bildergeschichte

Material: etwa 20 Bildausschnitte aus Illustrierten, Programmzeitschriften oder Zeitungen.

Die Kinder kommen im Stuhlkreis zusammen. In der Mitte liegt ausgeschnittenes Bildmaterial aus Programmzeitschriften, Illustrierten oder Tageszeitungen.
Die Pädagogin bildet kleinere Gruppen, die sich ein Bild heraussuchen, zu dem sie sich eine kurze Geschichte ausdenken. Nach einer festgelegten Zeit werden die Bilder und Geschichten vorgestellt und besprochen. Das Spiel regt die Phantasie an, fordert zum Fabulieren auf und bietet die Möglichkeit, gegebenenfalls über Fernsehsendungen zu reflektieren.

Fernsehen im Ratekreis

Die Kinder sitzen im Stuhlkreis. Während ein Kind aus dem Gruppenraum geht, wählen die anderen eine Fernsehsendung aus, die zu erraten ist. Das Kind wird hereingerufen und tritt vor ein anderes im Kreis. Dieses versucht die zu erratende Fernsehsendung mit einem Satz zu beschreiben. Es sagt z. B. „In unserer Fernsehsendung kommt ein Mädchen mit lustigem Sommersprossengesicht vor." (In diesem Fall Pippi Langstrumpf"). Jeder nächste Mitspieler im Stuhlkreis gibt mit einem Satz Auskunft über die gesuchte Sendung bzw. den gesuchten Film. Dabei ist die Reihenfolge der Handlung nicht so wichtig. Das Kind, bei dem die Fernsehsendung erraten wurde, geht als nächstes nach draußen, um eine neue Sendung zu erraten.
Über das Erraten hinaus, bietet das Spiel Ansätze für Gespräche über einzelne Sendungen, Filme und deren Figuren.

Das „Was-wäre-wenn-Spiel"

Mit diesem Frageansatz beginnt ein Gespräch im Stuhlkreis, bei dem wir mit den Kindern verschiedene Reaktionsweisen in lebensnahen Problem- und Konfliktsituationen spielend erproben wollen.
Die Erzieherin/Lehrerin fragt z. B. die Kinder:
Was wäre, wenn
— du allein entscheiden könntest, was am Wochenende mit der Familie gemacht werden soll?
— du auf das Fernsehen ganz verzichteten müßtest?
— du am Wochenende (oder am Nachmittag) spielen möchtest, und sich die Nachbarn über den Lärm beklagen?

Die Pädagogin sucht mit den Kindern neue Frageansätze (z. B. auch „Was machst du, wenn ...") und läßt den Kindern für die Beantwortung eines genannten Problems genügend Zeit.

Gefühle äußern (wütend sein)

Die Pädagogin: „Christian, kannst du dich erinnern, wann du zuletzt wütend gewesen bist? Was hast du da gemacht?" Christian äußert sich, verzieht vielleicht das Gesicht, ballt die Faust ...
Die Pädagogin: „Tust du das immer, wenn du wütend bist?" Andere Kinder äußern sich. Die Pädagogin fragt: „Warum werdet ihr wütend?" Kinder nehmen Stellung ... „Es gibt also verschiedene Gründe", so die Pädagogin, „warum man wütend wird. Laßt uns einmal sehen, ob wir auf ganz unterschiedliche Weise wütend sein können." Wir lassen die Kinder darstellen: schreien, schimpfen, raufen, stampfen, sich hinwerfen ...
Nach einiger Zeit sagt die Pädagogin: „Ihr habt da etwas mit dem Körper gemacht, um zu zeigen, wie wütend ihr seid. Mit eurem Körper empfindet ihr die Wut. Kann man auch wütend sein, ohne daß es an unserem Gesichtsausdruck zu sehen oder durch unsere Stimme zu hören ist? Die Kinder äußern sich. Die Pädagogin führt das Gespräch.

Wochenend-Freizeitwünsche

Material: großer Papierbogen, Filzstifte.

Die Kinder setzen sich gemeinsam mit der Erzieherin/Lehrerin um einen auf dem Tisch liegenden großen Papierbogen und sammeln „Freizeitideen"

(„Was macht ihr gerne, wenn ihr nicht im Kindergarten (im Hort, in der Schule) seid? Was würdet ihr gerne mit eurer Familie am Wochenende unternehmen?"). Alle Vorschläge der Kinder werden aufgeschrieben und am Informationsbrett der Einrichtung oder im Gruppenraum (in der Klasse) ausgehängt.

Von der Kraft der Fruchtzwerge

Gespräche über Werbung im Fernsehen

Besonders auffallend ist die Bewußtseinsmanipulation durch das Werbefernsehen. Kindergarten- und Grundschulkinder sind noch nicht in der Lage, zwischen realen und fiktiven Fernsehinhalten zu unterscheiden. Sie glauben dem Werbefernsehen, wenn es ihnen weismacht, wie lebensnotwendig und begehrenswert die angepriesenen Produkte sind.

Werbesendungen sind besonders beliebt bei Kindern. Eltern geraten immer wieder in Konflikte, wenn sie z. B. von ihrem 6jährigen hören, daß die „Kindermilchschnitte wirklich gesund" ist und „in einem einzigen Fruchtzwerg die Kraft eines kleinen Steaks steckt". Die Eltern können entweder ständig nachgeben oder sich mit ihren Kindern auseinandersetzen. Das Fernsehen trägt bei Kindern von klein auf zur Erziehung zum Konsumfetischismus bei. Wie stark die Werbewirkung des Mediums Fernsehens ist, erfahren Pädagoginnen fast jeden Tag, wenn die Kinder nahezu alle gängigen Werbesprüche nachäffen und die entsprechenden Werbesongs nachträllern können.

Hier bietet sich ein Ansatz für Gespräche über die Fernsehwerbung, gegebenenfalls unter Zuhilfenahme einer vorbereiteten Videokassette, die auf Kinder abgestellte Werbespots beinhaltet (z. B. für Spielzeuge, Süßwaren, Eis, Getränke).

Das Kind kann im Gespräch z. B. erfahren, daß manche Werbung Kinder dazu bringen soll, von Eltern etwas zu erbitten, und daß man sich nicht alle Wünsche erfüllen kann. Mit größeren Hortkindern kann eine vertiefte Auseinandersetzung mit der Werbung stattfinden. Als Anschlußbeschäftigung an ein Gespräch könnte die Erstellung einer Collage mit Ausschnitten aus der Illustriertenwerbung erstellt werden (siehe Kapitel „Malen und bildnerisches Gestalten).

Bilderbücher betrachten, besprechen, selbermachen, ausspielen

Material: ausgewählte Bilderbücher, Papier, Karton, Farbstifte, Kleber, Scheren.

Bilderbücher sind in Kindergarten-, Hort- und Grundschule als wichtiges (literatur)pädagogisches und ästhetisches Medium unverzichtbar. Bieten sie doch bereits durch die Präsentation im Gegensatz zum Fernsehen dem Kind Bilder, die es ausgiebig lange und immer wieder in Ruhe betrachten kann. Werden Kinder schon sehr früh daran gewöhnt, daß sich Erwachsene oder ältere Geschwister mit ihnen zusammensetzen, um gemeinsam ein Bilderbuch zu betrachten, so werden sie auch als Schulanfänger nicht auf diesen Umgang verzichten mögen. Umschläge und Einzelbilder sind für viele Kinder schon sehr früh Denk- und Sprechanstöße. Wiedererkanntes wird benannt, oft mit eigenen Wortschöpfungen und Vokabeln umgesetzt.

Bei Kindern vom 3. Lebensjahr an sollte man für regelmäßigen Zufluß an neuen Titeln sorgen. In Familien, wo das Haushaltsgeld nicht reicht, regt die Pädagogin die Eltern an, verstärkt die Möglichkeiten öffentlicher Stadt- und Gemeindebüchereien zu nutzen.

Neben dem Betrachten und Besprechen von Bilderbüchern haben Kinder bisweilen großen Spaß daran, sich eigene Bilderbücher zu schaffen. Dafür genügen dem Kind alte Kataloge, alte Aktendeckel, die beklebt werden oder ältere Bilderbücher, die auseinanderfallen und die man eigentlich fortwerfen wollte. Zeichnerisch und malerisch interessierte Kinder setzen bei ihren eigenen Bilderbuch-Werken mitunter sehr originelle Ideen frei.

Bilderbücher eignen sich auch hervorragend als Spiel und Betätigungsobjekte. Nach dem Erfassen der Inhalte ermuntern sie Kinder zum Rollenspiel. Daß viele Kinder von selbst danach drängen, Ereignisse und Figuren beliebter Bilderbücher zu zeichnen, zu malen oder mit Modelliermassen und Knete nachzuformen, ist allseits bekannt und bedarf wohl keiner weiteren Erörterung. Wichtig ist, daß die Pädagogin Eltern für den verstärkten Bilderbucheinsatz zu Hause animiert und den Kindern die Möglichkeiten bietet, Bilderbücher nicht nur passiv als Konsumenten aufzunehmen, sondern sie sich geistig und damit aktiv einzuverleiben.

Bilderbücher sind mehr als jede andere Buchform dem Kind Gesprächspartner. Bilderbücher, richtig eingesetzt und genutzt, helfen die Sozialisation des Kindes zu steigern. Es lernt zunehmend Einzelelemente aus komplizierten Zusammenhängen zu erfassen, begreift mehr und mehr Prozesse,

Abhängigkeiten und damit seine eigene Stellung innerhalb seiner Lebensumwelt.

Innerhalb des Montagvormittags kann ein „Überraschungsbilderbuch" zum Bestandteil des Wochenstarts werden. Dabei kann es sich um ein neues, von der Pädagogin ausgewähltes Bilderbuch oder um eines der Lieblingsbilderbücher der Kinder handeln.

3 Interaktionsspiele – Sensibilität und Kooperationsbereitschaft fördern

In bestimmten „Montagssituationen" können Interaktionsspiele helfen, die Gruppe bzw. Klasse in Bewegung zu bringen, sie (wieder) mit der Umgebung vertraut zu machen und Kontakte zur Pädagogin und der Gruppe herzustellen. Interaktionsspiele können zur Verbesserung der Sensibilität einzelner Kinder führen und ihre Handlungsfähigkeit und soziale Kompetenz erweitern. Interaktionsspiele fördern die Kooperationsbereitschaft und helfen Bedürfnisspannungen und belastende Situationen innerhalb der Gruppe besser zu ertragen.
Für den Montag eignen sich bewegungsbetonte Spielabläufe, die alle Kinder zur gleichen Zeit in das Geschehen einbeziehen.

Spielvorschläge

Spielkette zum Aufwärmen, Lockern und „Kontakten"

Material: Bei einigen Aktionen innerhalb der Spielkette empfiehlt sich der Einsatz eines Kassettenrecorders oder Schallplattenspielers mit rhythmischer Discomusik.

Die folgenden Spiele eignen sich besonders für einen Wochenanfang, wenn es darum geht, wieder soziale Kontakte untereinander aufzunehmen. Dies gilt umso mehr, sofern sich die Gruppe bzw. Klasse noch in der Kennenlernphase befindet. Die Spielfläche sollte so groß sein, daß sich alle Kinder frei und ungezwungen bewegen können.

Einzelne Spielabschnitte bzw. Glieder der Spielkette werden in relativ kurzen Intervallen von der Pädagogin mitgeteilt. Ihr obliegt es auch, je nach Situation, die Abfolge der Spiele zu ändern, zu variieren oder zu kürzen.

Beispiele:
Alle Kinder können sich im Raum verteilt frei zu einfachen, wechselnden, rhythmusstarken Melodien bewegen. Zunächst bewegt sich jedes Kind für sich allein, später, wenn die Kinder sich aufeinander zu und miteinander bewegen wollen und Bewegungen zur Musik erfinden, auch alle gemeinsam.
Die Pädagogin:
1. Alle Kinder gehen im Raum umher, ohne sich anzustoßen. Achtet dabei auch auf euch selbst. Schaut euch jetzt die Gesichter der anderen an.
2. Was fliegt alles? (Vögel, Flugzeuge, Fliegen, Wespen, Hubschrauber, Schmetterlinge . . .) Wie hört es sich an, wenn wir fliegen?
3. Jetzt fliegen wir alle wie Flugzeuge mit ausgestreckten Armen . . . rrrrr (Fluggeräusche) . . . kreisen . . . stürzen herab . . . fliegen tiefer (gehen, laufen mit gebeugten Knien) . . . steigen wieder hoch (auf Zehenspitzen) . . . rrrrr . . . noch höher . . . tiefer . . . kreisen . . . hoch . . . tiefer . . . und landen weich und sanft auf dem Boden.
4. Wir sind in einem unbekannten Land angekommen und gehen
   — auf einem Untergrund aus Wackelpudding,
   — durch einen Stachelwald, in dem lauter stachelige Pflanzen wachsen,
   — auf Glatteis,
   — an einem tiefen Abgrund entlang,
   — auf einem Wolkenteppich,
   — wie Menschen mit Gummibeinen.
5. Wir sind im Land der Einbeiner. Alle Kinder hüpfen jetzt auf einem Bein.
6. Spürt einmal, wie ihr friert, wenn ihr am Nordpol zurückgeblieben seid und euer Schiff davongefahren ist.
7. Alle Kinder kommen ganz schnell dicht zusammen. Stellt euch vor, wir stehen auf einem kleinen Floß. Um uns herum das große, weite Meer. Alle Kinder fassen sich an und rücken ganz dicht zusammen. Langsam beginnt das Floß zu schwanken . . . Haltet euch gut fest, damit niemand über Bord geht.
8. Unser Floß hat uns ins Land der Grashüpfer gebracht. Alle Kinder hüpfen und machen große Sprünge . . . höher und immer höher . . .
9. Wir sind am Strand, ziehen uns Schuhe und Strümpfe aus und prüfen mit den Zehen die Wärme des Wassers.
10. Nun gehen wir durch hohes Gras. Es wird immer höher, und wir haben Mühe, hindurchzukommen . . .

11. Jetzt sind wir in einer Gegend gelandet, wo alles klebt. Beim Gehen bleiben wir bei jedem Schritt am Boden hängen.
12. Stellt euch vor, ein Feuer zu sein, das langsam flackert, immer mehr zu brennen beginnt, größer wird, sich langsam ausbreitet. Langsam findet es keine Nahrung mehr, wird klein, immer kleiner und erlischt.
13. Auf unserer Reise durch merkwürdige Länder treffen wir auf viele Menschen, die uns herzlich begrüßen. Alle geben sich die Hände ... viele Hände ... immer mehr Hände werden geschüttelt. Ein großes Begrüßungsfest ...
14. Wir galoppieren wie wilde Pferde ...
15. Wir schlängeln uns wie Würmer ...
16. Aua, wir sind in einen stacheligen Kaktuswald geraten. Ein Kaktus neben dem anderen, überall, unter uns, vor und hinter uns, über uns und an den Seiten. Wir müssen ganz vorsichtig gehen.
17. Geschafft! Wir sind heil aus dem Kaktuswald herausgekommen. Versucht, einmal nur auf euren Zehenspitzen zu laufen ... Jetzt gehen wir einmal nur auf unseren Fersen ...
18. Geht jetzt einmal möglichst schnell zum Rhythmus der Musik ... Alle laufen jetzt durcheinander, ohne sich dabei anzurempeln ... Wir gehen nun schneller aufeinander zu und weichen ganz kurz vorher aus.
19. Wir sind Tiere auf dem Bauernhof. Alle Kinder laufen als Hühner, Hahn, Hund, Katze, Kuh, Schaf oder Ente herum und gehen entsprechende Tierlaute von sich.
20. Die Rundreise hat uns sehr müde gemacht. Alle gehen mit lang herunterhängenden Armen durch den Raum. Wir sind müde, setzen oder legen uns hin und strecken Arme und Beine von uns.

Neben ihrer Rolle als Impulsgeberin, kann die Pädagogin bei dieser Spielkette beobachten, wie die Kinder miteinander umgingen, inwieweit alle einbezogen und wie die einzelnen Aktivitäten von den Kindern erlebt wurden.

Kontaktaufnahme mit Musik und Rhythmus

Material: Kassettenrecorder oder Plattenspieler mit rhythmusbetonter Musik.

Kontakt und Zutrauen sollen durch dieses kleine Interaktionsspiel gefördert werden.
Die Pädagogin sorgt für Musik und bittet die Kinder, im Takt durch den Raum zu gehen. Sie sollen sich einen oder mehrere Partner suchen und

gemeinsam im Rhythmus der Musik weitergehen. Bricht die Musik ab, bleiben die Kinder unbeweglich stehen. Spielt sie weiter, führen die Paare bzw. Kleingruppen neue Aufgaben aus (z. B. Geht auf Zehenspitzen! Setzt euch hin! Legt euch schnell auf den Boden! Kauert euch eng zusammen! Stellt euch auf einen Stuhl!).

Ankleidespiel
Material: Tuch oder Augenbinde, Kleidungsstücke.

Ein Spiel zur Sensibilisierung. Zwei Kinder stehen sich gegenüber. Einem Kind werden die Augen verbunden. Es versucht nun den Spielpartner mit alten Kleidungsstücken (Hose, Hemd, Jacke, Schal, Hut) anzuziehen.

Hände treffen sich
Um Empfindsamkeit und Feinfühligkeit geht es bei diesem Spiel. Je zwei Kinder stellen sich gegenüber, legen die Handflächen aneinander und schließen die Augen für einige Sekunden. Dann lassen sie die Hände sinken, drehen sich dreimal langsam im Kreis herum und versuchen jetzt mit geschlossenen Augen die Hände des Partners wieder zu finden. Das Spiel eignet sich auch als Entspannungsübung.

Spaziergang mit geschlossenen Augen
Kontaktaufnahme, Überwindung von Ängsten, Wahrnehmung und Konzentration machen die Spielqualität dieser Vertrauensübung aus.
Die Kinder stehen sich jeweils zu zweit gegenüber. Jedes Kind streckt seine Arme nach oben. Die Hände berühren sich an den Fingerspitzen. Ein Kind schließt die Augen, das andere führt den Partner durch den Raum. Nach ein bis zwei Minuten wird gewechselt. Die Kinder berichten anschließend, was sie dabei erlebt haben.
Variation: Ein Kind führt ein anderes am Unterarm vorsichtig durch den Raum. Das geführte Kind hat die Augen geschlossen. Der Sehende schaut für den anderen voraus, kündigt an, wann sich etwas in der Beschaffenheit des Weges ändert, läßt den Spielpartner auf dem Weg Gegenstände ertasten und riechen, läßt ihn horchen, wo er sich befindet.

4 Tobe- und Bewegungsspiele –
Spannungszustände abreagieren und steuern

Das kindliche Grundbedürfnis nach Bewegung ist nicht nur natürlich, sondern lebensnotwendig. Längere erzwungene Phasen der Bewegungsarmut am Wochenende, in engen Wohnverhältnissen, beengten Spielräumen, führen zu Spannungen, die sich in extrem hohen Bewegungsdrang und Aggression äußern. Kindern mit einem ausgeprägten, nahezu ungestümen Bewegungsdrang gelingt es häufig nicht, ihre Bewegungen bewußt zu kontrollieren, besonders dann nicht, wenn sie erregt sind.

Spannungszustände des Körpers, selbst heftige Gefühle, lassen sich am einfachsten durch intensive Bewegung abreagieren. Wir können dem Kind helfen, allmählich seine Bewegungen zu kontrollieren und zu steuern.

Bewegungsspiele am Montagmorgen können wir unter zwei Gesichtspunkten einsetzen:

Freies Bewegen
Die Kinder können sich bewegen, wie sie möchten, mit Händen oder Füßen, mit dem ganzen Körper, mit oder ohne Musik oder sonstige Begleitung. Sie können sich völlig frei zu einem angegebenen Thema (oder im Takt) bewegen; z. B. als Roboter oder flinkes Wiesel, im Tanz, um Freude oder andere Gefühle auszudrücken.

Gelenktes Bewegen
Die Pädagogin macht Spielvorschläge, die einen stärker ausgeprägten Charakter haben, und deren Bewegungsabläufe mit dem Spielablauf zusammenhängen. Bezeichnend sollte jedoch auch hier sein, daß jedes Kind so mitmachen kann, wie es möchte und wie es fühlt.

Bewegungsspiele enthalten nicht nur motorische, sondern auch stets kognitive, emotionale und soziale Anteile. Bei der Lösung einer Reihe spielerischer Bewegungsaufgaben wird der Partner unentbehrlich, da die Aufgabenstellung das Vorhandensein zweier (meist mehrerer) Kinder voraussetzt. Die Partner müssen sich einander anpassen und gleichzeitig miteinander auseinandersetzen.

Kinder werden noch mehr von ihrem Körper beherrscht, als sie ihn beherrschen. Stehen im Kindergarten oder Hort ein größerer Spiel- und Aktionsraum zur Verfügung, kann bereits die bewußte Ausnutzung des erweiterten Raumes, z. B. bei einfachen Bewegungsspielen (Kissenschlacht, Toberei mit Schaumgummiteilen, Papier zerschnipseln und „regnen" lassen) Verbesserung bedeuten.

Kraftspiele zwischen Kindern müssen nicht chaotisch verlaufen. Wichtig ist, daß klare und für alle verbindliche Regeln aufgestellt werden. Tobespiele sollte die Pädagogin immer dann einsetzen, wenn die Gruppe sie braucht, wenn es „in allen Gliedern kribbelt", Kinder vor Ausgelassenheit sprühen und vor ungelöstem Bewegungsdrang zu „platzen" drohen. Ein Spiel, wie der gleich folgende „Raketenstart" kann da schon an einem wilden Montagmorgen Erleichterung verschaffen.

Spielvorschläge

Raketenstart

Ein schönes Spiel zum Abreagieren, bei dem die Kinder schreien dürfen, was-das-Zeug-hält.

Die Kinder stellen sich im großen Kreis auf und machen die Bewegungen der Pädagogin mit.

Es beginnt mit völliger Stille, dann

— in die Hände klatschen, zuerst lautlos, dann langsam stärker und schneller werdend ...

— nun mit den Füßen stampfen, erst lautlos, dann schwach, schließlich stärker und stärker, schneller und schneller ...

— Hand- und Fußgeräusche steigern sich. Alle stampfen und klatschen, was das Zeug hält ...

— Die Motoren der Rakete sind richtig in Gang gekommen, der Lärm steigert sich, die Arme werden hochgeschleudert und unter höllischem Geschrei steigt die Rakete in die Luft, während alle Kinder so hoch springen, wie sie können ...

— Der Lärm nimmt jetzt immer mehr ab. Die Rakete ist auf dem Weg zum Mond hinter den Wolken verschwunden.

Die Starts können selbstverständlich wiederholt werden.

Peanuts

Material: Erdnüsse und je Kind eine Schachtel (Behälter)

Dieses bewegungsgeladene Spiel erfreut sich bei Kindern großer Beliebtheit, weil man innerhalb kürzester Zeit den Gruppen- bzw. Klassenraum völlig auf den Kopf stellen kann. Bevor die Kinder eintreffen, verteilt die Pädagogin Erdnüsse, die sich noch in der Schale befinden, im ganzen Raum. Sobald alle Kinder eingetroffen sind, wird die Suche bzw. Jagd nach den Nüssen freigegeben. Jeder Sucher erhält eine Schachtel für seine Nüsse. Aufgabe ist, innerhalb von 5 Minuten soviele Nüsse wie eben möglich, zu sammeln. Im Anschluß werden sie gegessen, wobei die Pädagogin vorsichtshalber für die zu kurz geratenen Erdnußsucher noch etwas Vorrat zurückbehalten hat.

Hintendrauf

Zwei Kinder stellen sich einander gegenüber. Das eine faßt mit seiner linken oder rechten Hand eine Hand seines Gegenübers und hält diese während des ganzen Spiels fest. Jeder Spieler versucht mit seiner freien Hand, dem anderen auf den Po zu klopfen. Wer es dreimal geschafft hat, ist Sieger. Gewinner und Unterlegener suchen sich nun einen neuen Spielpartner.

Inselkampf

Material: ein alter Teppich oder Teppichrest.

Wir legen einen möglichst kleinen, wertlosen Teppich(rest) in die Mitte des Raumes. Das ist die Insel, auf der zwei Wettkämpfer ihre Kräfte messen können. Jedes der beiden Kinder versucht seinen Gegner niederzubringen und ins „Meer" zu schubsen. Wer mit beiden Beinen von der Insel verdrängt wird oder mehr als 10 Sekunden mit einem Bein im „Wasser" steht, hat den Inselkampf verloren.

Paradiesvogel

Material: buntes Papier, Schere, Tesafilm, Tuch.

Ein Kind wird zum „Paradiesvogel". An seiner Kleidung befestigen wir mehrere ca. 10 cm lange Papierstreifen mit Tesafilm. Dann verbinden wir die Augen dieses Spielers und stellen ihn in die Raummitte. Ein Kind nach dem anderen versucht nun, dem Paradiesvogel eine „Feder" wegzunehmen, ohne daß es dabei von ihm gehört oder berührt wird. Jeder hat für einen Versuch nur 30 Sekunden Zeit und darf nur eine einzige Feder wegtragen. Sobald sich alle Kinder abgelöst haben, kommt wieder das erste an die Reihe. Wer vom Paradiesvogel erwischt wird, scheidet aus. Gespielt wird so lange, bis der Vogel alle Federn eingebüßt hat. Sieger ist, wer die meisten erbeuten konnte.

Strandkrabben

Ein lebendiges Spiel von der Nordseeküste. Die Kinder kriechen als „Strandkrabben" auf allen Vieren, also auf Händen und Füßen. Wie bei den richtigen Strandkrabben zeigt der Bauch dabei nach oben, während der Po etwa 10 cm über dem Boden schwebt. Spieler, die den Boden berühren, haben das Spiel verloren. Mit einem Fuß oder mit einer Hand können die Strandkrabben jetzt versuchen, den anderen ein Bein wegzuziehen. Auch schubsen ist erlaubt.

Schlangenschwanz

Material: Tuch, Sicherheitsnadel oder Tesafilm.

Für dieses Fangspiel lassen wir eine Riesenschlange entstehen. Möglichst viele Kinder stellen sich dazu in einer Reihe auf und umfassen die Hüfte ihres vorderen Mitspielers. Die Riesenschlange erhält an ihrem Schwanz — es ist der letzte Mitspieler — ein Tuch befestigt, das der Kopf der Schlange ergattern muß. Das lustige Fangen kann beginnen.

Kartonbalgerei

Material: große, leere Kartons.

Wir bilden zwei gleichstarke Mannschaften. Jede erhält einen großen, leeren Karton. Beide Mannschaften stellen sich in etwa 6 Metern Entfernung parallel zueinander auf und werden durch eine Mittellinie getrennt. Hinter den beiden Mannschaften liegt jeweils der Karton. Jede Mannschaft muß versuchen, den gegnerischen Karton irgendwie über die Mittellinie zu bekommen, dabei aber auch gleichzeitig den eigenen beschützen.

Arme wegziehen

Je zwei Spieler liegen sich im Liegestütz auf einem weicheren Untergrund (z. B. einer Turnmatte) gegenüber. Es geht jetzt darum, den anderen aus dem Gleichgewicht zu bringen, indem man versucht, dem anderen die Arme wegzuziehen.

Fußsohle an Fußsohle

Die Kinder setzen sich zu zweit am Boden Fußsohlen an Fußsohlen gegenüber. Durch Drücken mit den Fußsohlen sollen sie nun versuchen, den Gegenüber aus dem Gleichgewicht zu bringen. Dabei dürfen die Hände nicht aufgestützt werden. Das Spiel erfolgt in mehreren Durchgängen.

Aus dem Kreis drücken

Ein recht lebhaftes Tobe- und Raufspiel. Die Pädagogin zieht einen Kreis, der so groß ist, daß alle Mitspieler darin Platz finden. Auf ein verabredetes Zeichen versucht jeder, den anderen aus dem Kreis herauszudrücken. Die herausgedrückten Kinder können von außen mithelfen, Spieler herauszuziehen. Sie dürfen jedoch nicht den Kreis betreten. Gewonnen hat, wer bis zuletzt im Kreis bleibt.

Über die Grenze ziehen

Material: Kreide, Tau oder Klebeband zum Markieren

Die Pädagogin bildet zwei gleichstarke Gruppen. Jede Gruppe stellt sich längs, der anderen Gruppe gegenüber, auf. Beide Gruppen sind durch einen Mittelstrich (Tau, Klebeband oder Kreide) getrennt.
Spielaufgabe ist, Spieler der gegnerischen Gruppe auf seine Seite herüberzuziehen. Es darf mit beiden Armen gezogen werden. Wer mit beiden Beinen auf der gegnerischen Seite steht, scheidet aus.

Münchhausenlauf

Material: große Bälle.

Was einst für Baron Münchhausen der Ritt auf der Kanonenkugel war, wird in unserem Spiel durch einen großen Ball dargestellt. Jeder Spieler erhält einen Ball, den er sich zwischen die Beine klemmt. Alle Mitspieler laufen nun gleichzeitig von einer gekennzeichneten Linie bis zu einer Wand oder einer Wendemarke und von dort rückwärts (!) zurück.

Wer kommt mit seinem Ball, ohne ihn unterwegs fallen zu lassen, zuerst am Ausgangspunkt wieder an?

Taschentuchklau

Material: 2 Taschentücher oder Bänder.

Je zwei Kinder stehen sich auf einem Bein gegenüber. Beide haben sich ein Taschentuch oder Band zur Hälfte in die Hosentasche oder in den Hosenbund gesteckt. Auf einem Bein hüpfend versucht nun jeder, das Tuch des anderen an sich zu reißen. Verloren hat, wer zuerst beide Beine gebraucht.

Kartonwettrennen

Material: große Kartons, Seile.

Ein Kind sitzt in einem geöffneten Karton und läßt sich an einem Seil, das es mit beiden Händen festhält, durch den Raum ziehen. Bei mehreren Kartons und Ziehern kann zum Rennen gestartet werden.

Hahnenkampf

Prächtig austoben können sich die Kinder bei diesem Spiel. Zwei gleichstarke Spieler hocken sich auf dem Boden gegenüber und legen bei ausgestreckten Armen ihre Handflächen gegeneinander. Bei „Los" versucht jeder, den anderen aus dem Gleichgewicht zu drücken. Aufstehen ist nicht erlaubt.
Die Spieler dürfen vor- und zurückhüpfen, die Hände lösen und erneut angreifen. Geschubst wird jedoch immer nur mit Handflächen. Verlierer einer Spielrunde ist, wer hinten überkippt, die Hände in dem Augenblick wegzieht, wo der andere angreift, oder wer aufsteht.

Ausbrecherspiel

Aus einem Kreis wollen zwei gefangene Räuber ausbrechen. Die umstehenden Kinder halten sich an den Händen fest und wehren so gut es geht ab. Sobald einem der Räuber der Ausbruch gelingt, darf er von außen her seinem Komplizen helfen.

Felix-Vorweg

Material: Kassettenrecorder oder Plattenspieler mit rhythmisch betonter Musik.

Ein von der Pädagogin ausgesuchtes oder freiwilliges Kind wird zum „Felix-Vorweg" ernannt. Zu einer rhythmusstarken Musik marschiert er nun über das Spielfeld. Alle anderen Kinder dürfen hinterhergehen und seine Bewegungen nachmachen, wie Hüpfen, lange Schritte, federnder Gang, Trippeln, Stelzen, Flügelschläge beim Laufen, Rückwärtsgehen, Hochspringen usw. Nach einiger Zeit wird ein neuer „Felix-Vorweg" gewählt.

Balldrücken

Material: große Bälle.

Die Pädagogin legt einen großen Ball auf eine zuvor gezogene Linie. Ein Kind legt sich vor, eines hinter den Ball. Beide Kinder liegen auf dem Bauch. Der Abstand sollte weniger als Armlänge betragen. Jetzt soll jeder versuchen, den Ball über die Linie in das Feld des anderen zu drücken, wobei der Ball immer den Boden berühren muß. Das Spiel können wir im größeren Raum bzw. in der Turnhalle mit mehreren Zweiergruppen gleichzeitig durchführen.

Rempeln und schlängeln

Für dieses Spiel teilen wir den Raum in zwei gleichgroße Flächen auf. Während auf der einen Spielfläche jeder möglichst jeden anrempelt, der einem begegnet, versuchen die Spieler auf der anderen Spielfläche sich wie Schlangen aneinander vorbeizuschlängeln. Je nach Lust und Körperkraft können die Kinder von einer Spielhälfte zur anderen wechseln.

Kartonburg-Eroberung

Material: große Pappkartons, Zeitungspapier, eventuell Softbälle.

Aufgetürmte Kartons werden zur Ritterburg. Sie sind das Angriffsziel, auf das mit Bällen aus zerknautschtem Zeitungspapier oder mit Softbällen geworfen wird.

Ein ideales Spiel zum Austoben, bei dem sich niemand weh tut. Die Kinder haben ihren großen Spaß und würden es am liebsten stundenlang wiederholen. Die Pädagogin achtet darauf, daß die Karton-Toberei nicht ausartet.

Zeitungsschlacht

Material: großer Stapel alter Zeitungen.

Die Pädagogin hat einen großen Berg alter Zeitungen mitgebracht. Die Kinder dürfen das Zeitungspapier zerreißen und zerknüllen und sich damit gegenseitig solange bewerfen, bis nahezu alle im Papier versinken.
Als Spielort eignet sich besonders der Turnraum. Die zerknüllten und zerfetzten Zeitungen können bei einer Folgebeschäftigung an einem anderen Tag zum Ausgangsstoff für Kleisterpapier (z. B. zur Puppenkopfherstellung) werden.

Maschine

Wir bilden Kleingruppen von 4 – 6 Kindern. Sie erhalten die Aufgabe, eine Maschine darzustellen. Ein Kind beginnt mit einer Bewegung und dem entsprechenden Geräusch. Andere stellen sich nach und nach dazu und „bauen" ihre Bewegungen und Geräusche mit ein, bis eine Maschine entstanden ist, die mal schnell, mal langsam Bewegungsabläufe durchführt und dabei Geräusche von sich gibt.

Gewitterspiel

Material: Zeitungen.

Dieses kleine Spiel bietet die Möglichkeit, Aggressionen kontrollieren zu lernen.
Jedes Kind erhält einen großen Bogen Zeitungspapier. Die eine Hand peitscht mit dem Zeitungspapier durch die Luft — sie ist der Blitz — und die Handfläche der anderen schlägt knallend dagegen (Donner). Dabei darf das Blatt nicht reißen. Später verzieht sich das Gewitter allmählich und verschwindet ganz (leiser werdend).

Krake

Die ganze Gruppe bewegt sich im Raum. Ein Spieler beginnt zu fangen. Fängt er einen Mitspieler, geben sie sich die Hand. Der Dritte schließt sich mit einer Hand dort an, wo sich die ersten beiden fassen. Der vierte Mitspieler verlängert einen der drei Arme. So geht es jetzt weiter bis zum letzten Spieler, der dann sofort neu startet.

Der Ballon platzt

Die Kinder bilden einen Kreis mit gerader Spielerzahl. Alle Spieler fassen sich an den Händen und hüpfen nach links. In der Mitte des Kreises steht ein einzelnes Kind. Dieses ruft laut: „Der Ballon platzt!" Jetzt wird die Handfassung gelöst, und jedes Kind sucht sich schnell einen Partner. Es darf nicht der Nachbar sein. Da der Spieler aus der Mitte auch einen Partner sucht, bleibt ein Kind übrig. Dieses steht beim nächsten Spielgang in der Kreismitte.

Deckenringkampf

Material: eine Wolldecke.

Kraft und Geschicklichkeit sind bei diesem Spiel gefordert. Eine Decke wird zusammengerollt. Beide Spieler fassen je ein Ende der Decke. Jeder versucht, dem anderen die Decke zu entreißen. Das Kräftemessen läßt sich auch auf dem Boden austragen.

Fingerhakeln und Faustkampf

Daß es hier um zwei ur-bayerische Kraftspiele geht, weiß jeder sofort. Beide „Disziplinen" lassen sich auch gut als Montagsspiele einsetzen. Zur Durchführung sitzen sich jeweils zwei Spieler an einem Tisch gegenüber. Beim „Fingerhakeln", der Name sagt es, hakeln die Spieler den rechten Zeigefinger ein, während der Arm auf der Tischplatte liegt. Wenn es gelingt, den anderen über die Tischplatte zu ziehen, ist Sieger. Für den „Faustkampf" sind die Ellenbogen des rechten Arms auf der Tischplatte aufgestützt, und die rechten Hände werden gefaßt. Es gilt nun, den Arm des anderen zur linken Seite hin auf die Tischplatte hinunterzudrücken.

Widerspenstiges Böckchen

Ein Kind aus der Spielgruppe spielt das „widerspenstige Böckchen". Es stemmt sich gegen den Boden und muß von den übrigen Kindern vom Fleck gezogen und geschoben werden. Welches „Böckchen" macht es der Spielgruppe, die aus 3 bis 5 Kindern bestehen kann, am schwersten? Auch die Pädagogin kann einmal das „Böckchen" sein. Ansonsten achtet sie darauf, daß es nicht allzu ruppig zugeht.

In den Teich fallen

Material: Holzreifen.

Für dieses Kraftspiel legen wir einen Holzreifen auf den Boden. Er ist der „Teich", in den man nicht fallen darf. Zwei Kinder stehen sich außerhalb des Reifens gegenüber und fassen sich an den Händen. Jeder versucht den anderen in den Teich zu ziehen.

Rückenschieber

Zwei Kinder sitzen Rücken an Rücken mit angezogenen Beinen auf dem Boden. Um sie herum ist ein Kreis von ca. 3 Metern Durchmesser gezogen worden. Die Kinder versuchen nun, sich gegenseitig hinauszuschieben.

„Aufstand"

Ähnlich wie beim vorangegangenen Spiel sitzen auch hier je zwei Kinder Rücken an Rücken auf dem Boden. Die Arme sind jedoch eingehakt. Dann ziehen die Kinder die Knie an und stehen gemeinsam auf, indem sie die Rücken fest aneinanderpressen. Jetzt wird ein Spieler hinzugefügt und das Ganze zu dritt versucht. Immer mehr Spieler werden hinzugeholt.
Wie vielen Kindern gelingt es, gemeinsam aufzustehen? Neben Kraft verlangt das Spiel Konzentration und Körperbeherrschung.

Ich will auf meinen Platz

An diesem Geschiebe- und Gerangelspiel haben stärkere wie schwächere Kinder gleichermaßen Spaß. Aus der Gesamtgruppe bilden wir einen Kreis. Jeder Spieler sieht mit dem Gesicht nach außen. Alle haken sich beim Nachbarn ein. Auf ein Zeichen der Pädagogin versucht nun jeder, den Platz einzunehmen, den er gerne haben möchte.

Riesenknoten

Die Kinder bilden einen Stehkreis und geben einander die Hände. Mit Hilfe der Pädagogin entsteht nun ein scheinbar unentwirrbarer Knoten. Die Hände dürfen dabei nicht losgelassen werden. Durch Durchschlüpfen und Darübersteigen, mit etwas Geschick und Strategie, löst sich der Knoten wieder in einen Kreis auf.

Stierkampf

Wir teilen die Kindergruppe zur einen Hälfte in „Stiere", zur anderen Hälfte in „Matadore" auf. Die Matadore halten Taschentücher vor sich, auf die nun die Stiere losstürzen. Die Stiere sind natürlich äußerst aggressiv, die Matadore herausfordernd und sehr flink. Nach einiger Zeit werden die Rollen getauscht.

Großes Schoßsitzen

Um eine wunderschöne Sitzkette zu schaffen, bilden die Kinder zuerst einen Kreis und geben sich die Hände. Jetzt wird zusammengerückt, daß die Spieler Schulter an Schulter stehen. Dann dreht sich jeder nach rechts und schaut auf den Rücken des Vordermannes. Alle Spieler setzen sich nun gleichzeitig sanft auf die Knie des Mitspielers hinter sich. Jetzt kann man sich mit seinem Vordermann unterhalten oder gemeinsam versuchen, ein Lied zu singen. Vielleicht gelingt es der Spielgruppe auch, sich als Tausendfüßler langsam fortzubewegen, bis ... ja bis der ganze Sitzkreis auseinanderfällt. Das Spielende wird dem Zufall überlassen.

Bewegungen zur Trommel

Material: Handtrommel.

Die Pädagogin läßt die Kinder im Wechsel laut stampfend und leise schleichend (watschelnd, trippelnd) sich durch den Raum bewegen. Statt verbaler Aufforderung gibt die Trommel die Art der Fortbewegung an. Wer kann heraushören, zu welcher Gangart aufgefordert wird?

Bewegungen mit „körpereigenen Instrumenten"

Ein Teil der Gruppe hüpft, springt oder galoppiert durch den Raum. Der andere Teil der Gruppe versucht, das Hüpfen durch Klatschen zu begleiten.

Seitenwechsel

Die Gruppe steht je zur Hälfte aufgeteilt an zwei gegenüberliegenden Seiten des Raumes. Auf Zuruf der Pädagogin (später durch ein Kind): „Wechselt die Seiten!", läuft jede Gruppe auf die gegenüberliegende Seite. Wichtig ist, daß die Kinder sich dabei nicht behindern und nicht anstoßen.

Der Zauberer kommt

Dieses Spiel eignet sich besonders für einen großen Raum oder ein Freigelände. Auf dem Spielfeld versucht ein „Zauberer", mit seinem Zauberstab die anderen Mitspieler in Bäume zu verwandeln. Wer zum Baum wird, bleibt fest am Boden stehen, benutzt aber die Arme als Äste. So kann den anderen Spielern geholfen werden, die sich hinter einem der Bäume verstecken. Ist eine bestimmte Anzahl von Spielern verzaubert, übernimmt ein anderer die Rolle des Zauberers.

Hutjagd
Material: 1 Hut.

Ein Kind trägt einen Hut auf dem Kopf und läuft durch den Turnraum. Die anderen Kinder verfolgen es und versuchen, ihm den Hut abzuziehen. Wer es schafft, darf als nächster den Hut aufsetzen.

Blumenball
Material: 1 Wurfball.

Die Kinder bilden einen Kreis und erhalten anstelle ihres Namens einen Blumennamen (Maiglöckchen, Rose, Tulpe, Nelke usw.). Ein Kind bekommt einen Ball und wirft diesen hoch, während es den Blumennamen eines Mitspielers ruft. Dieser muß den Ball auffangen. Der Vorgang setzt sich so lange fort, bis eines der Kinder den Ball verfehlt und fallenläßt. In diesem Fall gibt das Kind ein Pfand ab, und das Spiel beginnt von neuem. Variationen sind möglich (z. B. andere Begriffe, Automarken, Zahlen usw.).

Quadratlatschenrennen
Material: mindestens 2 Paar gleichgroße Herrenschuhe.

Recht lustig geht es bei diesem Laufspiel zu, für das wir mehrere Paar Herrenschuhe etwa gleicher Größe und Schwere benötigen. Die Kinder steigen in die Schuhe hinein und treten so zum Wettlauf über eine ca.

10 Meter lange Strecke an. Variation: Etwas schwieriger wird es, wenn in großen Gummistiefeln gelaufen wird; dafür erhöht sich der Spaß bei allen kleinen Akteuren.

Obstsalat

Für dieses lebendige Spiel bildet die Pädagogin Kleingruppen, die mit unterschiedlichen Obstnamen bezeichnet werden (Bananen, Apfelsinen, Äpfel, Kirschen usw.). Dann wird ein Stuhlkreis gebildet — ein Stuhl weniger als Mitspieler — und ein Kind stellt sich in die Kreismitte. Es ruft nun eine Obstsorte. Die entsprechenden Kinder müssen ihre Plätze wechseln. Gelingt es dem in der Mitte stehenden Kind, während des Wechselns auf einen Platz zu kommen, darf das übriggebliebene Kind eine Obstsorte aufrufen. Es kann auch „Obstsalat" gerufen werden. Dann müssen alle Kinder ihre Plätze wechseln. Auch dabei bleibt ein Kind übrig, und das Spiel beginnt von neuem.

Großes Reitturnier

Wir sitzen mit den Kindern auf dem Fußboden. Alle Spieler sind „Pferde" und galoppieren (auf die Schenkel schlagen), überspringen eine Hürde (mit beiden Händen vorwärts hoch den Bogen beschreiben), gehen in eine Links- und eine Rechtskurve (schräg sitzen), nun über eine Doppelhürde (zwei Bogen beschreiben), über eine Holzbrücke (auf die Brust klopfen), durch einen Wassergraben (Blubbergeräusche mit dem Mund) und die Zuschauertribüne passieren (Applaus).
In der Regel sagt die Pädagogin das Rennen über zwei Runden an. Es können weitere Hindernisse erfunden und vor dem Start von der Pädagogin eingeführt werden.

Fuchs und Hase im Irrgarten

Ein Montagsspiel, an dem viele Kinder teilnehmen können. Es wird viel Platz benötigt, am besten der Turnraum oder die Spielwiese.
Die Kinder, bis auf zwei, stehen in mehreren Reihen hintereinander. Die Arme haben sie ausgestreckt, und sie halten sich an den Händen. Zwei Spieler — Fuchs und Hase — eilen durch die schmalen Gassen. Auf Anordnung der Pädagogin — „rechts um" — „links um" — drehen sich die in den Reihen stehenden Mitspieler, fassen sich gleich wieder an den

Händen (es ist der vorhin vor oder hinter ihnen stehende Partner) und erschweren so den Laufenden vorwärts zu kommen. Die Spielleitung (ein älteres Kind oder die Pädagogin) darf durch geschickte Anweisungen den Hasen vor dem Fuchs schützen.

Die Maus frißt den Elefanten

Material: Stühle

Sehr aktiv geht's auch bei diesem Spiel zu, für das wir zwei Stuhlreihen mit den Rückenlehnen gegeneinander aufstellen. Bis auf einen Spieler bekommt jedes Kind einen Stuhl. Nun gibt sich jedes Kind einen Tiernamen. Der stehende Spieler ruft z. B. laut: „Die Maus frißt den Elefanten!" Schnell springen diese beiden Kinder auf und versuchen die Plätze zu tauschen. Die Gelegenheit ist jetzt günstig, einen der Stühle zu erwischen. Der nächste Ausrufer ist das Kind ohne Stuhl, der jetzt z. B. rufen kann: „Der Rabe frißt die Schnecke!" Gespielt wird, so lange es den Kindern Spaß macht.

Mäusejagd

Der ganze Raum ist voller Mäuse. Sie huschen hin und her, flitzen überall herum, und sobald sie gefangen werden, kneifen sie wieder aus.
Bei diesem Spiel kann etwa ein Drittel der Kinder Mäusefänger sein, die anderen sind Mäuse. Nach einiger Zeit ist Rollenwechsel.

Katz und Maus

Spielspaß und Schnelligkeit kennzeichnen dieses altbekannte, einfache Kinderspiel. Wir bilden einen Kreis. In der Mitte befindet sich die Maus und außerhalb die Katze, die versucht, in den Kreis zu kommen, um die Maus zu fangen. Die Kreiskinder behindern durch Handsperrung das Eindringen der Katze in den Kreis und helfen der Maus. Gelingt es der Katze einzudringen, verläßt die Maus sofort den Kreis. Die Katze muß schon recht schnell und listig sein, will sie die Maus fangen.
Ist die Maus gefangen, kommen andere Kinder an die Reihe.

Eck-Mäuse

Im Turnraum oder im Freien grenzen wir eine Spielfläche mit vier Ecken ab. Vier Kinder sind Mäuse und stehen jeweils in einer Ecke. Ein fünftes

Kind steht in der Mitte. Auf ein Zeichen der Pädagogin müssen die Mäuse ihre Ecken verlassen. Dabei ist es gleich, ob sie sich eine andere Ecke suchen oder das Kind in der Mitte täuschen, indem sie schnell die Richtung wechseln und in die eigene Eckwohnung zurückkehren. Gelingt es dem Kind, das in der Mitte gestanden hat, eine Ecke zu erobern, muß die entsprechende Maus in die Mitte.

Auf dem Ozean

Die Kinder sitzen im Kreis. Die Stühle müssen eng zusammenstehen. Ein Kind kommt als „Kapitän" in die Mitte und übernimmt das Kommando. Sobald es „Welle von links" ruft, müssen alle Stuhl um Stuhl nach links rücken. Das muß sehr schnell gehen, wobei der Kapitän versucht, auf einen freien Stuhl zu gelangen. Beim Kommando „Welle von rechts" muß die Welle in der anderen Richtung laufen. Besonders reizvoll wird das bei Kindern beliebte Spiel, wenn die Kommandos schnell wechseln. Gelingt es dem Kapitän, auf einen freien Stuhl zu kommen, so wird der zum Kapitän, der nicht schnell genug nachrücken konnte. Gelingt es dem Kapitän nicht, so kann er „Flut" rufen, und alle Spieler müssen die Plätze wechseln.

Wenn am Anfang das Spiel von einigen Kindern sehr heftig bis rabiat angegangen wird, so werden in der Regel nach einigen Durchläufen die Bewegungen immer flüssiger und koordinierter.

Tausendfüßler

Ein Spiel, das sich auch als Wettlauf durchführen läßt. Von der Pädagogin werden dafür zwei gleichstarke Riegen gebildet. Die Kinder gehen auf allen Vieren. Der erste Spieler jeder Gruppe stützt sich mit Händen und Knien auf den Boden; die anderen Kinder hocken sich dicht hinter ihn und umfassen dabei die Fußgelenke ihres Vordermannes. Auf ein Zeichen setzen sich die Gruppen in Bewegung. Wer wird schnellster „Tausendfüßler"?

Flohfänger

Die Kinder sitzen im Kreis. Ein Kind ist der „Flohfänger" und läßt sich die Augen verbinden. Vier Kinder spielen die „Flöhe". Der Flohfänger versucht, einen der Flöhe zu fangen oder durch Abtasten herauszufinden, wer vor ihm steht. Hat er nach drei Versuchen den Namen des Kindes erraten, scheidet der gefangene Floh aus. Die Jagd geht weiter, bis nur noch ein Floh übrig bleibt, der dann zum neuen Flohfänger wird.

Pferderennen

Material: Karton, Schuhe, Tücher.

Im Turnraum veranstalten wir einen Reiterwettbewerb. Die ganze Gruppe rast los, springt hoch über ausgelegte Hindernisse: einen leeren Karton, einen Schuh, ein Tuch usw. Das Ganze geht über mehrere Runden. Werden dann die Pferde müde, gibt es anfeuernde Sprechchöre, und die Favoriten werden — mit ihren Pferdenamen natürlich — laut rufend angespornt. Da die Rennbahn im Kreis herumführt, und es weder einen Anfang noch ein Ende gibt, wird man Sieger kaum ausmachen. Ein schönes Spiel zum gelenkten Abreagieren.

Drei lustige Wettläufe

Material: Schachteln, Bälle, Teppichfliesen.

Neben dem klassischen Sackhüpfen und dem Eierlaufen gibt es eine Vielzahl lustiger Wettläufe, an denen jeweils 2 — 5 Kinder nebeneinander teilnehmen können.
„Schachtellauf": Die Kinder laufen mit einer Schachtel (oder einem Ball auf dem Kopf, die sie mit einer Hand festhalten, um eine Markierung (Stuhl/Fahne) herum und wieder zum Start zurück.
„Inselspringen": Jedes Kind bekommt 2 Teppichfliesen, die es vor sich auf den Boden legt, und jetzt die Wegstrecke von Insel zu Insel springend zurücklegt.
„Dreibeinlauf": Es wird paarweise, jedoch nur mit „drei" Beinen zum Ziel gelaufen. Dafür wird je ein Bein beim anderen Spieler angebunden.

Fließband

Material: beliebige Gegenstände zum Weiterreichen.

Alle Kinder sitzen im Kreis und halten jeder einen Gegenstgand in der Hand (z. B. Buch, Ball, Federtasche, Tuch, Buntstift ...). Bei „Los" werden alle Gegenstände von einem zum anderen richtig weitergegeben. Ertönt ein Pfiff der Spielleitung (Pädagogin oder Kind), werden die Gegenstände in entgegengesetzter Richtung weitergegeben. Wer etwas verliert oder zwei Gegenstände in den Händen hält, scheidet aus oder gibt ein Pfand ab.

Teppich aufrollen

Die Kinder legen sich für dieses Bewegungsspiel dicht nebeneinander auf den Boden. Das erste Kind rollt sich jetzt über den „Menschen-Teppich" und legt sich an den Schluß. In der Zwischenzeit hat schon der nächste versucht, sich über den Teppich zu rollen. Am Ende angekommen, legt sich jeweils derjenige, der über den Teppich gerollt ist, an den Schluß der Reihe. Das Spiel wird auf Teppichboden oder ausgelegten Turnmatten durchgeführt.

Ums's runde Tau

Tauziehen einmal anders. Es geht hier nicht um die Wette, sondern um ein Gemeinschaftserlebnis. Die Kinder stellen sich in einem Kreis auf und ziehen gemeinsam an einem zusammengeknoteten Tau. Gespielt wird, solange Spaß und Kraft vorhanden sind.

Zeitungsorchester

Material: 1 Stapel Zeitungen

Um die Verbindung von Bewegungen und akkustischen Reizen, Improvisation und Koordination geht es bei diesem Spiel. Alle sitzen im Stuhlkreis. Jedes Kind erhält von der Pädagogin eine Zeitung.
1. Alle Kinder rascheln mit ihrer Zeitung.
2. Die Hände drücken das Papier zusammen und ziehen es in wechselndem Rhythmus wieder auseinander. Mit der Zeit wird aus dem Durcheinander von Geräuschen ein konzertierendes Miteinander.
3. Durch rhythmisches Zusammendrücken und Auseinanderziehen der Zeitungspapiere erzeugen wir die akkustische Illusion eines fahrenden Zuges. Die „Fahrt" kann langsam, dann immer schneller werdend, verlaufen. Auf jeden Fall erleben die Kinder eine bewegte Bahnfahrt.
4. Die wahrgenommenen Geräusche werden mit der Stimme nachgeahmt.
5. Die Pädagogin gibt einen Rhythmus vor, nach dem die Kinder ihre Zeitungen bewegen.
6. Es werden Lieder gesungen und durch die Zeitungsgeräusche begleitet.

Gemeinsam denken sich Pädagogin und Kinder neue Spiel-, Bewegungs- und Geräuschmöglichkeiten mit Zeitungen aus.

Wolkenspiel

Material: je Kind ein Chiffontuch, Kassettenrecorder mit Musik.

Die Kinder verteilen sich im Raum. Zu einer beschwingten Musik werfen die Kinder aus dem Lauf heraus ihr Chiffontuch in die Luft und halten ihre zarte „Wolke" aus Stoff durch Blasen so lange es geht, in der Schwebe.

Schwungtuchspiele

Material: Schwungtuch bzw. Bettlaken oder Wolldecke; Kassettenrecorder/Schallplattenspieler oder Musikinstrument.

Wir benötigen für unser Bewegungs- Rhythmusspiel ein großes Schwungtuch. Die Kinder stellen sich gleichmäßig um das große Tuch herum und schwingen es in kurzen oder langen Wellen. Durch Musikbegleitung werden die Kinder zu neuen Bewegungsabläufen angeregt.

Variationen: Die Kinder hüpfen in eine vereinbarte Richtung und schwingen dabei das Tuch. Oder: Die Kinder bewegen sich nach einem bestimmten Rhythmus und finden dazu geeignete Laute.

5 Entspannungsspiele –
körperlich-seelisches Gleichgewicht
wiederfinden

In wohl keiner Zeit war die Zahl der Spannungsreize so hoch wie in unserer. Starke psychische Belastungen verkrampfen die Muskulatur. Ein bewegungsarmes, dafür medienintensives Wochenende läßt Kinder auch am Montag noch „völlig zerschlagen" sein. Sie sind aufgedreht und können einfach nicht abschalten.

Die Schäden durch nervliche Überreizung sind beim Kind wesentlich höher als durch rein körperliche Anstrengungen. Nicht verarbeitete Spannungsreize summieren sich, verstärken sich und können so zu Dauerzuständen werden. Wenn Störungen des körperlichen und seelischen Gleichgewichts bestehen, zeigen sich bei Kindern motorische Unruhe, Überdrehtheit, Reizbarkeit, Aggressionen, mangelnde Konzentration, Ablenkbarkeit und Unlustgefühle. Auf die verschiedenen Ursachen dieser Erscheinungen wurde bereits im theoretischen Teil eingegangen.

Grundlage körperlicher und nervlich-seelischer Erholung ist die Entspannungsfähigkeit. Um diese zu erhalten, brauchen auch Kinder Entspannungsübungen. Erzieherinnen, die Entspannungsübungen mit Kindern im Vorschulalter durchführen, kommen immer wieder zu dem Schluß, daß die Kinder danach erfrischt und weniger unruhig sind. Die Aktivitäten der Kinder sind kontrollierter, ihr Sprachverhalten ist gedämpfter, d. h. weniger aggressiv und laut im Tonfall und stabiler in ihrer Emotionalität.

Das Austoben allein reicht nicht aus, um körperliche und seelische Spannungen abzureagieren. Um ihr Gleichgewicht wiederzufinden, können neben den hier im Buch besprochenen „Montagsangeboten" spielerische Übungen zur Entspannung den Kindern helfen, sich physisch und psychisch vollkommen zu entspannen. Ein Hauptteil der Spannungen ist körperlich verfestigte Angst, die zu Verspannungen, Verkrampfungen und reduzierter Aufmerksamkeitshaltung führt. Entspannung hingegen wirkt durch das Herstellen von Harmonie zwischen Geist und Körper entängstigend.

Wenn die Pädagogin Entspannungsspiele und -übungen durchführen möchte, wird sie sich einen stillen Raum oder eine ruhige Ecke im Freien suchen, wo sie mit den Kindern allein sein kann. Für Entspannungsspiele und -übungen ist eine ruhige, friedliche Umgebung sehr wichtig. Eine beruhigende Stimme der Pädagogin, aber auch eine den Bewegungsablauf lenkende Musik, hilft den Kindern sich zu sammeln und zu entspannen. Entspannungsspiele mit Kindergarten-, Hort- und Grundschulkindern sollten etwa 10 bis 20 Minuten dauern. Die Erzieherin/Lehrerin wird die Spiele je nach Bedarf in den Tagesverlauf einflechten. In der Schule bietet sich hierfür besonders der Turnunterricht an.

Spielvorschläge

Zeitungsspiele

Material: Mehrere Zeitungen

An jedes Kind wird eine Zeitung ausgegeben. Die Spielgruppe verteilt sich im Raum, und die Pädagogin gibt Anweisungen:
— Wir stellen uns auf die Zeitung und rutschen durch den Raum.
— Jedes Kind hält seine Zeitung an zwei Ecken fest, nimmt sie hoch über den Kopf und läuft möglichst schnell durch den Raum. Je schneller wir laufen, um so mehr flattert die Zeitung und liegt wie ein Dach über dem Kopf.
— Je zwei große Kinder halten eine große Zeitung zwischen sich. Lauft los, dreht eine Runde, ohne das Papier zu zerreißen!
— Wir knüllen mehrere Zeitungen zu einem großen Zeitungsball zusammen (es können auch mehrere Bälle sein) und spielen ihn durch den Raum.
— Ein umgekippter Papierkorb oder Eimer dient als Tor. Wer kann aus einer bestimmten Entfernung den Ball ins Tor schießen?

Im letzten Zeitungsspiel führen wir die Kinder zur Ruhe. Jedes Kind bekommt ein Zeitungsblatt. Die Pädagogin: „Haltet euer Zeitungsblatt an zwei Ecken einer Längskante fest, fächelt damit leicht durch die Luft und lauscht den Geräuschen, die sich nicht ganz vermeiden lassen."
Alle Zeitungsspiele verlangen vom Kind, daß es seine Bewegungen an die Beschaffenheit und Eigenschaften des Materials anpaßt.

Die Fliege

Alle Kinder bilden am Boden einen großen Sitzkreis. Die Kinder führen
die Vorgaben der Pädagogin pantomimisch aus:
Wir beobachten eine Fliege, die ihre Kreise
durch den Raum zieht,
sich auf das Fensterbrett setzt,
wieder losfliegt und direkt vor uns kreist.
Sie setzt sich auf deinen linken Fuß,
jetzt fliegt sie auf deine rechte Hand und du spürst, wie es kribbelt.
Sie fliegt wieder im Raum umher,
jetzt ist sie auf deiner Nase gelandet und du mußt niesen.
Sie krabbelt auf deinem Knie,
du fängst sie, ohne daß ihr dabei etwas passiert.
Du hörst sie in deiner hohlen Hand weitersurren,
nun öffnest du die Hand und siehst, wie die Fliege dir entgleitet, über
deinen Kopf zur Decke fliegt und verschwindet.

Musik sichtbar machen

Material: Tapetenkleister, Erdfarben (rot, gelb, grün), Tapetenreste, Tesafilm, Wachsdecken, Kassettenrecorder oder Plattenspieler und
rhythmusbetonte Musik.

Bei diesem Entspannungsspiel mit Musik, Erdfarben und Tapetenkleister
haben die Kinder die Möglichkeit, Musik wahrzunehmen und durch ihre
Hände wiederzugeben. Die Kinder stehen in Kleingruppen um mehrere zu
einem Quadrat zusammengestellte Tische herum. Zuvor hat die Pädagogin
Schürzen ausgegeben, die Tische abgedeckt, große Tapetenbögen darauf
festgeklebt und einen Kassettenrecorder oder Schallplattenspieler aufgestellt. Die Kinder dürfen in den vorbereiteten Tapetenkleister fassen.
Wie fühlt er sich an?
Der Kassettenrecorder wird eingeschaltet. Die Kinder hören der Musik
zu. Nach einer gewissen Einhörzeit wird das Gehörte durch Bewegungen auf den trockenen Blättern nachvollzogen. Jetzt wählen die Kinder
ihre Lieblingsfarben. Die Kleister- und Farbverteilung wird von der
Pädagogin vorgenommen. Die Musik wird wieder angestellt, und die
Kinder beginnen zu malen. Dabei können sie die Finger oder die beiden
Hände benutzen.

Als Musiken eignen sich z. B.: Bela Bartók: Klavierstücke für Kinder; Wolfgang Amadeus Mozart: Eine kleine Nachtmusik; Robert Schuman: Kinderszenen; Antonio Vivaldi: Die vier Jahreszeiten.

Variationen: Es lassen sich auch vom Kassettenrecorder abgespielte Geräusche wie Regen, Donner, Sturm u. ä. in ein Bild umsetzen.

Luftballonspiele

Material: Luftballons (mindestens 2 pro Kind).

Jedes Kind erhält einen Luftballon, bläst ihn nicht zu fest auf und knotet ihn zu. Die Pädagogin hilft den Kleineren. Allein probiert jetzt jeder für sich aus, was er mit seinem Luftballon alles spielen kann. Nach kurzer Zeit wird die Experimentierphase beendet, und die Pädagogin stellt verschiedene Spielaufgaben:
— Jedes Kind führt seinen Ballon mehrmals von einem Raumende zum anderen.
— Treffen 2 Kinder mit einem gleichfarbigen Ballon aufeinander, so tauschen sie diese aus.
— Bildet Gruppen aus 2 (3, 4, 6) Kindern, die gemeinsam mit ihren Ballons spielen.
— Zwei Kinder stellen sich Rücken an Rücken auf, klemmen sich einen Ballon zwischen die Schultern (zwischen die Stirn) und gehen von einem Raumende zum anderen.
— Wir versuchen, den Luftballon mit der Faust oder mit einzelnen Fingern in der Luft zu halten.
— Wir halten jetzt den Luftballon mit dem Kopf (mit dem Fuß, mit dem Knie) in der Luft.

Spielübungen mit dem Luftballon lassen sich an windfreien Tagen draußen auf dem Rasen durchführen.

Leise Hochstapler

Material: 10 Teller.

Die Pädagogin spricht ruhig zu den Kindern: „Stellt euch vor, in unserem Raum schläft jemand, der auf keinen Fall geweckt werden darf. Es müssen aber unbedingt 10 Teller aufeinandergestellt werden." Aus dem Kreis wird ein Kind benannt, das nun ganz leise die Teller stapelt. Sofern ein Kind aus dem Kreis etwas hört, hebt es die Hand hoch, ohne jedoch zu sprechen. Ist der Vorgang beendet, kommt ein anderes Kind an die Reihe.

Als-ob-Luftballons

Die Kinder stehen an beliebigen Plätzen im Raum. Die Pädagogin gibt als Regisseurin entsprechende Anweisungen:
Jeder stellt sich vor, er sei ein Luftballon.
- Langsam beginnt die Luft aus dem Ballon zu entweichen ... immer weiter und weiter ... bis der Ballon schlaff ist. (Die Kinder erproben das Gefühl, ein schlaffer Luftballon zu sein.)
- Jetzt beginnt wieder langsam Luft in den Ballon zu strömen ... richtet ihn immer weiter auf ... bis er ganz prall mit Luft gefüllt ist. (Es folgen 3−4 Wiederholungen von „schlaff" und „prall" sein.
- Die einzelnen Ballons bewegen sich leicht durch den Raum.
- Zwei (dann drei, vier, alle) Kinder sind „ein Ballon".

Es lassen sich Geräusche und Töne in die Übungen einbeziehen.

Der große Regen

Im Sitzkreis erzählt die Erzieherin/Lehrerin den Kindern vom großen Regen, der jetzt kommt, und alle machen die entsprechenden Bewegungen und Geräusche mit:
- Die Finger reiben auf der Handfläche,
- mit den Fingern schnalzen ... erst leise, dann lauter werdend,
- in die Hände klatschen,
- auf die Oberschenkel schlagen,
- auf die Sitzflächen des Stuhls trommeln ...

Allmählich hört der große Regen auf (alles wieder zurück).

Entspannungskette

Material: siehe Spielverlauf.

Die Entspannungskette verfügt über 15 Glieder (Einzelübungen), die sich je nach Bedarf und Situation von der Erzieherin/Lehrerin variieren und kürzen lassen. Die Übungen beginnen im Stehen, werden im Sitzen fortgesetzt und enden auf dem Boden liegend.

1. Die Kinder stehen ruhig im Raum verteilt und pendeln mit den Armen vor und zurück. Im Takt schwingen wir wie Uhrpendel ... tick-tack-tick-tack ...

2. Jetzt führen die Kinder Bewegungen mit Unterbrechungen aus, wie auf Zeichen gehen ... stehen bleiben ... ganz leise laufen ... hinhocken ... auf Zehen stehen ohne zu wackeln ... usw.

3. Ohne anzustoßen, wird leise zwischen Stühlen, Reifen und Keulen durchgegangen und gelaufen.

4. Nach Rhythmusvorgabe findet beim Gehen ein Wechsel von langsamen und schnellen Schritten statt. Die Kinder versuchen auf einen gemeinsamen Rhythmus zu kommen.

5. Die Kinder balancieren mit einem Gegenstand auf dem Kopf auf aufgezeichneten Linien (z. B. in Schlangen-, Kreis- oder Schneckenform).

6. Mit geschlossenen Augen durch den Raum gehen. Ein Kind schließt die Augen, das andere führt. Nach einiger Zeit erfolgt Rollenwechsel.

7. Alle setzen sich mit ausgestreckten Beinen und geschlossenen Knien auf den Boden. Der Rücken ist aufrecht gegen die Wand gelehnt. Die Hände liegen auf den Oberschenkeln. Die Pädagogin sagt: „Wir sind an einem wunderschönen Sommertag an den Strand gefahren. Es ist warm und angenehm. Wir schauen weit aufs Meer hinaus und folgen den Möwen, die in großen Schwüngen über das Wasser gleiten. Atmet dabei ruhig aus und ein."

8. Die Kinder begeben sich in den Hocksitz. Aus ihm lassen sie sich in die Seitenlage fallen.

9. Jedes Kind legt sich nun auf den Rücken. Die Pädagogin: „Schließt die Augen und denkt einige Minuten (2—3) an nichts. Ruht euch aus. Fühlt, wie euer Körper schwer wird, wenn ihr euch richtig entspannt. Alles wird schläfrig: die Füße, die Beine, der Bauch, der Rücken, die Achseln, der Kopf, der Mund, die Zunge, alles wird schläfrig ..."

10. Die Kinder liegen entspannt auf dem Rücken, heben die Arme und lassen sie entspannt auf den Bauch fallen.
11. In der Rückenlage werden die Beine hochgestreckt, dann die Unterschenkel entspannt fallengelassen (dabei in den Knien einknicken). Es findet ein mehrfacher Wechsel von Strecken und Entspannen statt.
12. Die Kinder liegen auf dem Bauch und strecken die Arme und Beine entspannt von sich.
13. Jetzt liegen die Kinder mit entspannten Armen und Beinen auf der Seite.
14. Von einer Seitenlage wird in die andere gerollt.
15. Und jetzt: Alle Kinder springen auf und hüpfen. Wir haben uns einen Floh eingefangen, hüpfen und springen durch den Raum, um ihn wieder loszuwerden.

6 Darstellende Spiele, Rollenspiel, Theater – aufgestaute Affekte entladen, eigene Schwäche und Ohnmacht überwinden

Das grundlegende Bedürfnis nach körperlichem und seelischem Gleichgewicht läßt sich besonders gut im darstellenden Spiel befriedigen. In ihm stellen sich die Kinder selbst dar. Ihr Inneres kehrt sich nach außen und führt zur Handlung, wobei sich aufgebaute Affekte entladen können. Im Hinblick auf die Montagssituation haben wir es hier mit einer wertvollen, sehr geeigneten Spielform zu tun.

Beim Nachspielen erlebter Fernseherlebnisse, gleich ob die Kinder Cowboy, Indianer, Gangster, Piraten oder Weltraumabenteuerer mit Laserpistolen spielen, wird das vorhandene Bedürfnis deutlich, die eigene Schwäche und Ohnmacht zu überwinden. Im Rollenspiel kann der Ängstliche forsch, der Schwache stark, der Ohnmächtige mächtig sein. Die Welt läßt sich dabei so verändern, wie sie den eigenen Bedürfnissen und Vorstellungen der Kinder entspricht. Im Spiel werden durch die Umdeutung der Realität Möglichkeiten zur Befriedigung von Wünschen und Bedürfnissen geboten, die sonst unterdrückt werden müßten und nicht erfüllt und befriedigt werden könnten.

Kinder üben im darstellenden Spiel, das in Form des Eigenspiels oder Nachspiels durchgeführt werden kann, ihre Wahrnehmungsfähigkeit und Beobachtungsgabe. Sie drücken verschiedene Gefühle aus (Freude, Wut, Trauer), indem sie im Fernsehen erlebte Personen charakterisieren oder karikieren. Durch das darstellende Spiel wird in besonderer Weise die Motorik angesprochen. Es kommt zur Koordinierung von Sprache und Bewegung, wobei angedeutete Bewegungen Empfindungen erkennen lassen. Als darstellende Spiele in Kindergarten, Hort und Grundschule eignen sich nahezu alle personalen und figuralen Spielformen. Sie ermöglichen dem Kind, Konflikte abzuleiten, zu verarbeiten und ein Selbstkonzept zu entwickeln.

Im Rollenspiel können wir anstreben, daß die Kinder
— die mediale mit der realen Wirklichkeit vergleichen,
— sich in der Beschreibung und dem Erkennen von Situationen üben,
— über Spielerlebnisse und Spielerfahrungen reflektieren.

Zum Rollenspiel gehören immer vorher erlebte Situationen, die das Spiel auslösen, ganz gleich, worum es sich handelt. Auch das Fernsehen liefert „Vor-Bilder" und vermittelt Erfahrungen aus zweiter Hand. Häufig überfordern sie das Vorstellungsvermögen der Kinder und können dann im Spiel verarbeitet werden.

Kinder begreifen Zusammenhänge leichter, indem man sie spielt. Dazu müssen sie sich jedoch ohne Schwierigkeiten mit dem Inhalt vertraut machen können. Gerade beim Spiel am Montag sollten Kinder nicht für das verantwortlich gemacht werden, was sie im Eifer des Spiels anstellen. Grundregeln für das darstellende Spiel am Montag sollten sein:

— Drauflosspielen! Dies kann mit oder ohne Requisiten und Verkleidungen geschehen. Dennoch kann die bereitstehende Verkleidungskiste die Spielbereitschaft und Phantasie anregen.
— Die Kinder wählen sich ihre Rollen selbst. Die Erzieherin/Lehrerin motiviert.
— Es wird aus dem Stegreif gespielt, also spontan. Jeder plötzliche Einfall darf ausgespielt werden. Er sollte lediglich im Rahmen der Spielidee bleiben.
— Notwendiges Zubehör wird improvisiert.

Die folgenden Spielanregungen bieten „Stoff" für viele Montagmorgen in Kindergarten, Hort und Grundschule.

Spielvorschläge

Die unendliche Spielkette

106 Spielanregungen für spontanes Spiel in der Gruppe. Die Pädagogin gibt Spielimpulse, und die Kinder spielen von ihrer eigenen Erfahrungswelt ausgehend. Die Spielvorschläge lassen sich sowohl von allen Kindern zur gleichen Zeit, in Kleingrupen oder in Einzeldarstellung ausführen. Damit alle Kinder gut agieren können, wird viel Spielraum benötigt, am besten der Turnraum.

Beispiele:
— Zeigt etwas, was ihr am Sonntag (am Wochenende) gemacht habt.
— Stellt etwas dar, was ihr gemacht habt, als ihr noch ganz klein wart.

122

- Stell dir vor, du kochst ein Mittagessen, richtest den Tisch her, ißt, und es schmeckt sehr salzig (süß, bitter, sauer).
- Stell dir vor, du kaufst im Supermarkt ein, du stehst an der Kasse und hast dein Geld vergessen.
- Schneidet euch gegenseitig Grimassen.
- Streit mit einem Nachbarskind.
- Streit mit einem Erwachsenen, der sagt: „Vor meinem Haus wird nicht gespielt!"
- Vater am Feierabend.
- Mutter beim Hausputz.
- Paketbote bringt Päckchen. Es ist ein Überraschungspaket. Du wickelst es langsam aus.
- Verkehrspolizist erklärt Fußgänger richtiges Verhalten beim Überqueren der Straße.
- Trage eine schwere Einkaufstasche. Zeige, was du alles eingekauft hast.
- Du gehst in den Tierpark und fütterst dort verschiedene Tiere.
- Herr Neugier guckt aus dem Fenster.
- Frau Quatscheviel an der Ladenkasse im Gespräch mit der Kassiererin.
- Eine kleine Maus frißt sich durch einen riesigen Käse.
- Stellt euch vor, daß quer in unserem Raum ein schmaler Holzbalken liegt, der über ein sumpfiges Gewässer führt. Darin wimmelt es von Krokodilen. Alle müssen wir hinüber.
- Wir werfen uns
  einen Luftballon,
  eine Eisenkugel,
  einen großen, schweren Medizinball,
  ein Papierkügelchen zu.
- Je 2 Kinder
  machen einen Zeitlupenboxkampf,
  tragen eine Leiter,
  transportieren eine große, schwere Glasplatte,
  machen Tauziehen,
  spielen Tennis.
- Wir drehen an unserem Radio den Einstellknopf für die verschiedenen Sender und fahren die ganze Skala entlang. Wie hört sich das wohl an?
- Wir ahmen Geräusche nach:
  eine alte Autohupe,
  Pferdehufe,
  Wind,
  einen Kuckuck,
  eine Bohrmaschine,

summende Bienen,
eine knarrende Tür,
ein Feuerwehrauto mit Martinshorn.
– Gebt fröhliche,
    wütende,
    weinerliche,
    brummige,
    zänkische Laute von euch.
– Wir tun so, als würden wir mit nackten Füßen über
Moosboden,
warmen Sand,
ein Distelfeld,
heißes Metall,
eiskaltes, bis zu den Knien reichendes Wasser,
scharfkantige Kieselsteine,
auf dem Bootsdeck bei hohem Wellengang
gehen.
– Alle Kinder verändern gleichzeitig ihre Körperhaltung:
aufrecht stehen,
gebeugt stehen,
auf allen Vieren,
hocken,
knien,
sitzen,
auf dem Bauch liegen,
auf der Seite liegen,
auf dem Rücken liegen.
– Wir nähern uns einem Spielpartner so, als würden wir
eine freudige Nachricht,
eine traurige Nachricht,
eine Bitte,
eine Drohung,
ein Überraschungsgeschenk überbringen.
– Wir werden umkreist von
zwei Wespen,
einem Hubschrauber,
einem Raubvogel,
einem wütenden Stier,
wunderschönen Schmetterlingen,
einer aufdringlichen Fliege,
einem dicken, kläffenden Mops.

- Wir sind Zuschauer
  bei einem Tischtennisspiel,
  beim Trampolinspringen,
  beim Stabhochsprung,
  beim Kunstflugwettbewerb,
  beim Eiskunstlauf,
  bei einem Froschwetthüpfen.
- Wir sind Fernsehzuschauer
  einer Werbesendung,
  eines lustigen Films,
  eines traurigen Films,
  eines Wildwestfilms,
  einer Hitparade.

Für die größeren Kinder können wir die unendliche Spielkette auch vom Schwierigkeitsgrad her erweitern. Sie können z. B. pantomimisch verschiedene „Gegensätze" mit unterschiedlichen Partnern erproben. Neben dem Spielspaß sammeln sie dabei viele Bewegungserfahrungen. Die Pädagogin gibt Spielimpulse wie:

— vor/zurück	sanft/ruppig
— schnell/langsam	laut/leise
— groß/klein	vorwärts/rückwärts
— nachgeben/widerstehen	liegen/stehen
— viel/wenig	stark/schwach
— zerstören/aufbauen.	

Ebenfalls für etwas ältere Grundschulkinder: Jeweils zwei Spieler stellen eine *Redewendung* pantomimisch dar. Die Kinder können auch Möglichkeiten von Rollen- und Partnerwechsel erproben. Beispiele:

— jemand sitzen lassen	— jemand in Schwung bringen
— jemand laufen lassen	— jemand einen Maulkorb umbinden
— jemand auf dem Kopf herumtanzen	den
— jemand die Suppe versalzen	— jemand anfeuern
— jemand den Mund stopfen	— jemand auf die Sprünge helfen
— jemand sein Ohr leihen	— jemand wachrütteln
— jemand auf die Beine helfen	— jemand auf die Schulter klopfen
— jemand aufrichten	— jemand an der kurzen Leine führen.

Die Pädagogin gibt, soweit notwendig, beim Raten Einzelhilfen.

Drauflos- und Mitspieltheater

Material: Verkleidungskiste.

Diese offene Spielform läßt sich besonders gut mit Kindern vom Grundschulalter an spielen. Der Gruppenraum bzw. die Klasse wird in einen Zuschauerraum und eine Spielfläche unterteilt. Verkleidungsutensilien (Kiste) liegen in einer Ecke der Zuschauerhälfte. Drei Kinder überlegen sich jetzt eine kurze Einstiegsszene. Die Spielfläche wird z. B. zum Restaurant mit einigen Stühlen, einem Tisch, zwei Gästen und einem Kellner. Aus dieser Situation heraus kann sich jetzt das Spiel entwickeln. Jeder Zuschauer, der gerne mitspielen möchte, kann jederzeit auf die Spielfläche gehen und in einer selbstgewählten Rolle in das Spielgeschehen eingreifen und mitgestalten. Zum Beispiel könnte ein Gast auftreten, der an dem servierten Essen herumnörgelt oder den Kellner durch ständig neue Bestellung zur Weißglut bringt. Am Ermessen und Improvisationstalent der Kinder liegt es, ob sich der Ort der Handlung z. B. auf eine Polizeiwache, ein Eisenbahnabteil oder in den Warteraum eines Zahnarztes verlagert. Die Pädagogin sollte nur in das Spiel eingreifen, wenn es sich festfährt. Sie kann einen neuen Impuls in das Spiel einbringen, indem sie selbst in eine gewählte Rolle schlüpft. Gespielt wird so lange, wie Spielspaß und Lust bei den Kindern vorhanden sind.

Montagszirkus

Material: Verkleidungskiste.

Beim spontanen Zirkusspiel am Montag können sich die Kinder sowohl bewegen als auch ihre Ideen verwirklichen und ihre Einfälle in Sprechakte umsetzen.
Zirkusspiel bedeutet erfinden, verkleiden, bewegen, absprechen, mitmachen, lachen, Beifall klatschen und Freude haben. Alle Kinder spielen mit, gleich ob als Darsteller, Orchestermitglied, Programmanpreiser oder Publikum. Bevor mit einem Tusch und Musik alle Akteure aufmarschieren, treffen wir einige kurze Vorbereitungen. Es wird geklärt, wer alles dabei sein soll, welche Tiere mitspielen, was typisch für die einzelnen Tiere ist und welche Darbietungen sie bringen sollen. Die Pädagogin überlegt mit den Kindern, wie sie Spannung bei den einzelnen Darbietungen erzeugen können und welche Geräusche, Töne, Klänge und Musik eingesetzt werden sollen. Schließlich wird geklärt, wer welche Rolle übernimmt.

Die spontane Montagvormittagsvorstellung kann z. B. folgende Darbietungen beinhalten:

Zirkusorchester

Das Orchester kann mit selbstgebauten Instrumenten, mit Rasselbüchsen, Gießkannen und Gartenschlauchtrompeten ausgerüstet sein. Ob es allein Geräusche von sich gibt oder Bewegungen zum laufenden Kassettenrecorder oder Schallplattenspieler ausführt, ist zweitrangig. Wichtig ist, daß es tönt und unser Orchester von einem Dirigenten geleitet wird.

Clowns

Die Clowns sind bunt gekleidet, tragen eine Riesenkrawatte aus Krepp und eine rote Clownsnase, die schnell aus aufgeschnittenen Tischtennisbällen oder Eierkarton herzustellen ist. Sie haben zu kurz geratene Hosen an, tragen große Hüte, vielleicht eine Perücke, zu groß geratene Schuhe und schleppen z. B. Koffer, große Papierblumen oder irgendeinen sperrigen Gegenstand mit sich herum. Etwa 5 Kinder aus der Gesamtgruppe können in die Clownsrolle schlüpfen (bei Bedarf werden die Rollen gewechselt). Die Kinder füllen ihre Rolle selbst aus und entscheiden, ob sie z. B. die Füße ein oder auswärts setzen, Purzelbäume schlagen, hüpfen, vor- und rückwärts gehen oder auf dem Boden liegen und mit den Füßen in der Luft zappeln.

Seehundnummer

Einige Kinder sind Seehunde, die zu anregender Musik mit ihren Nasen verschieden große Luftballons herumschubsen.

Mister Muskelprotz

Er kann vor Kraft kaum gehen: der stärkste Mann der Welt. In geringeltem Hemd mit angeklebtem Riesenschnurrbart läßt er seine Muskeln spielen. Vier Zirkushelfer schleppen mühevoll einen größeren Karton, dem man das Gewicht ansieht, in die Arena. Mit großem Kraftaufwand wuchtet der stärkste Mann der Welt — es kann natürlich auch die stärkste Frau der Welt sein — diesen Karton in die Höhe. Er setzt ihn mehrmals ab, bevor er es endlich schafft. Während sich Mister Muskelprotz vor dem Publikum verbeugt und sich den Schweiß abwischt, könnte z. B. ein Clown den Karton mit einer Hand wegtragen.

127

Raubtiernummer

Es folgt eine gefährliche Raubtiernummer. Löwe und Bär treten zusammen in einer Manege auf — ohne Käfig! Doch keine Angst, liebes Publikum, der Dompteur hat aus den wilden Raubtieren zahme Hauskatzen und Teddybären gemacht, die z. B. durch einen Hulahoppreifen springen und auf zwei leeren Getränkekästen (oder einem Hocker) Männchen machen.

Elefantennummer

Sofern in der Verkleidungskiste vorhanden, entsteht aus einer grauen Strumpfhose, einem grauen Pullover und aus zwei ausrangierten Strümpfen (für Rüssel und Schwanz) ein Elefant. Zwei von ihnen trotten langsam um die Runde und führen auf Anweisungen des Dompteurs kleine Kunststückchen auf (rechtes Bein heben, linkes Bein heben, Männchen machen).

Artisten

Zu flotter Musik machen etwa 4—6 Kinder allerlei Übungen als Bodenturner (vom Hüpfen über Rolle bis zum Radschlagen). Danach können 3—5 Kinder auf einem am Erdboden liegenden Seil allerlei „gewagte" Balance-Kunststücke vollführen.

Flohakrobatik

Igor Flitzkoff führt den sibirischen Superfloh „Hüpfibus" vor. Da dieser sehr winzig ist, kann man eigentlich nur an Igor's Blicken und Kopfbewegungen feststellen, wie er von einer Hand in die andere springt. Vor besonders halsbrecherischen Sprüngen wird er wortreich ermuntert, bis er endlich den siebenfachen Salto springt. Grandios, wenn er es schafft und das Publikum vor Begeisterung tobt.
Je nach Lust und Laune läßt sich das Zirkusprogramm beliebig um einige „Attraktionen" erweitern. So können auch Zauberer, Wunderschützen, Schlangenbeschwörer oder Ballett-Tänzer auftreten. Zirkusdirektor ist entweder ein größeres Kind, das die einzelnen Nummern „wortgewaltig" ankündigt oder die Pädagogin selbst.

Spiel mit der Fernsehkiste

Material: ein bis zwei große Kartons (Waschmaschinen- oder Möbel-karton), Verkleidungsutensilien.

Ein Spiel, bei dem Kinder ihre Fernseherlebnisse verarbeiten können. Die Pädagogin hat einen (oder zwei) großen Karton mitgebracht, der zur „Fernsehkiste" wird. Dazu entfernen wir vom Karton Boden und Deckel und schneiden den „Bildschirm" heraus. Das Gehäuse stellen wir so auf zwei Tische, daß die Kinder dazwischen „im" Fernseher stehen können. Spielmöglichkeiten:

— Es ist den Kindern überlassen, im freien Spiel mit dieser Kiste herumzualbern, zu singen, zu spielen, zu reden und sich mitzuteilen. Zwischen Fernsehmachern und Zuschauern besteht keine Trennung. Die Kinder können z. B. von Tages-, Wochenend- oder Ferienerlebnissen berichten.

— Die Kinder überlegen sich eine Fernsehsendung und spielen sie den anderen vor: Hitparade, Sesamstraße, Interviews, Nachrichten, Wetteransage, Sportberichte usw.

— Die Kinder ahmen Fernsehstars nach, die von den anderen erraten werden müssen.

— Einzelne Kinder bekommen Aufträge und Aufgaben, die sie im Fernsehrahmen zu erfüllen haben, z. B. einen Bericht über eine gesehene Fernsehsendung abgeben, zwei Minuten „Lachkabinett und Grimassenschneiden", Werbung für beliebige Produkte, Besuch eines ganz berühmten Fernsehstars mit Interview, Quizsendung mit einem Rateteam und anderes mehr.

Stabpuppen-Fernsehkiste und Puppenspiel

Material: 1 großer Waschmaschinen- oder Möbelkarton, Illustrierte, Scheren, Klebstoff, festere Pappe.

Unsere selbsthergestellte Karton-Fernsehkiste können wir auch zu einer Art Puppen- bzw. Kasperletheater machen, indem wir ohne großen Aufwand mit den Kindern eigene Figuren dafür herstellen und Kulissen in entsprechender Größe einsetzen.
Am schnellsten lassen sich Spielfiguren anfertigen, indem die Kinder Figuren oder Köpfe aus bereitgelegten Illustrierten ausschneiden, auf feste Pappe kleben und mit einem Pappstreifen als Führungsleiste versehen, so

daß man sie von unten führen kann. So lassen sich Spielfiguren herstellen, die den Kindern aus dem Fernsehen selbst bekannt sind. Im Spiel können die Kinder Inhalte, die sie vom Fernsehen her kennen, aufgreifen, parodieren, verändern und verarbeiten.

Für das Puppenspiel in Kindergarten, Hort und Grundschule eignen sich nahezu alle Figurenformen, wie z. B. selbst angefertigte oder gekaufte Fingerpuppen, Handpuppen, einfache Tuch- und Gliedermarionetten, Schattenspiel- und transparente Schemenfiguren.

Das Kind als Zuschauer eines Puppenspiels ist nie in einer passiven Rolle. Die pädagogische Bedeutung des Puppenspiels für die Persönlichkeitsentwicklung des Kindes ist unumstritten. Es wirkt auf die Kinder durch seine einfache, kindgemäße, phantasievolle Form, seine Komik, die Spaß und Vergnügen verspricht und durch seine Emotionalität, die besonders auf das gefühlsbetonte Erleben des Kindes eingeht. Insofern ist das Puppenspiel eine besonders geeignete Spielform für den Montagmorgen, das sich fast zu jeder Zeit integrieren läßt. So kann eine Puppe in der Hand der Erzieherin/Lehrerin die Kinder begrüßen, ihnen einen schönen Wochenanfang wünschen und sich dabei nach den Wochenenderlebnissen erkundigen. Neuen Kindern in einem Kindergarten kann die Puppe helfen, Befangenheit, Fremdsein und Unsicherheit zu nehmen.

Um alle Möglichkeiten zu nutzen, sollten das Vorspiel durch die Pädagogin und das Selbstspielen der Kinder in einem ausgewogenen Verhältnis stehen. Die erfahrene Pädagogin kennt das Entwicklungsniveau ihrer Gruppe/ Klasse und einzelner Kinder und kann daher ein gezieltes Puppenspiel entwickeln.

Ebbe und Flut

Ein lebhaftes Darstellungs-, Erzähl- und Bewegungsspiel in einem. Die Kinder verteilen sich im Raum. Die Pädagogin beginnt eine Geschichte zu erzählen, die von Menschen am Strand handelt. Alle Kinder führen die Bewegungen aus, die in der Geschichte vorkommen, also z. B. gehen, im Sand kriechen, Ball spielen, auf einem Bein hüpfen usw. Fällt in der Geschichte das Wort „Ebbe", müssen sich alle Kinder schnell auf den Boden setzen. Wer zuletzt sitzt, erzählt weiter. Wird aber das Wort „Flut" erwähnt, müssen alle ganz schnell mit ihren Füßen vom Fußboden weg, z. B. auf Stühle oder Tische steigen. Wer zuletzt oben ist, erzählt weiter.

Auf dem Spielplatz

Die Pädagogin bittet die Kinder verschiedene Spielmöglichkeiten, die es auf einem Spielplatz gibt, darzustellen: schaukeln, rutschen, klettern, balancieren, wippen, im Sand buddeln. In einer ersten Spielphase können die Kinder zunächst verschiedene Darstellungsmöglichkeiten ausprobieren. Dann werden mit Hilfe der Pädagogin verschiedene Rollen verteilt: spielende Kinder, Mütter auf der Bank, ein Vater, zwei Großmütter, große Jungen.
Nach einer Besprechung beginnen alle auf einmal zu spielen. Vielleicht passiert auf dem Spielplatz etwas Aufregendes; z. B. kommt ein großer Hund auf den Platz, zwei Kinder zanken sich in der Sandkiste um das Spielzeug, ein großer Junge ärgert ein Kind an der Wippe. Offenes Spielende.

Der pfiffige Richard

Die Kinder sitzen in einem großen Kreis auf dem Fußboden. Ein Kind fragt ein zweites: „Hast du den pfiffigen Richard gesehen?" Darauf antwortet das andere Kind: „Ja!" – „Was tat er denn?" Nun darf das zweite Kind nicht antworten, sondern es muß hüpfend allerlei Gesten oder lustige Bewegungen vorführen, die von den anderen Kindern sofort nachgeahmt werden, bis ein Kind aus der Runde als erstes lacht. Dieses tritt dann vor den nächsten Spieler und fragt nach dem lustigen Richard.

Mit der Stimme experimentieren

Wir proben aus, was unsere Stimme alles kann:
— sprechen (hoch, tief, laut, leise, schrill, quäkig)
— singen (hoch/tief, laut/leise)

— flüstern	— schreien	— brummen	— summen
— schnalzen	— pfeifen	— muhen, bellen, miauen usw.	

Im Konzertsaal

Die Gruppe sitzt im Stuhlkreis und stellt ein Orchester bei der Probe dar. Die Kinder murmeln, summen, pfeifen oder klatschen ganz leise in die Hände oder trampeln ganz leise mit den Füßen. Die Erzieherin/Lehrerin gibt Zeichen mit der Hand. Je nachdem, ob sie ihre Hand hochhebt oder ganz tief unten hat, werden die Geräusche lauter oder leiser. Vor Spielbeginn wird auch ein Zeichen für Stille ausgemacht. Die ganze Gruppe muß aufmerksam sein, denn die mit der Hand gezeigten Nuancen sollen so gut wie möglich wiedergegeben werden. Abwechselnd kann auch ein Kind „Dirigent" sein und die Handzeichen geben.

Grimassen löschen

Ein Spiel für den Sitzkreis. Nacheinander zieht ein Kind Grimassen, streicht dann mit der Hand von oben nach unten über das Gesicht, das nun starr und bewegungslos wird wie eine Maske. Der nächste Spieler ist an der Reihe. Das Spiel verlangt von den Kindern Selbstbeherrschung und ist zudem eine Vorübung für mimische Darstellungen.

Wochenendausflug

Die Pädagogin bittet die Kinder, einmal zu überlegen, was sie täten, wenn sie ein ganzes Wochenende lang von zu Hause wegbleiben dürften. Jeweils zwei Kinder überlegen, was sie auf ihren zweitägigen Ausflug mitnehmen würden und was sie unternehmen wollen. Paarweise führen sie dann nach einer kurzen Absprache pantomimisch ihr Unternehmen durch. Die Zuschauer müssen erraten.

Variation: Die Kinder stellen pantomimisch ihren Tagesablauf dar. Wie beginnt der Tag? Wie geht's im Kindergarten (in der Schule, im Hort) zu? Wie geht's weiter am Mittag, Nachmittag, am Abend?

Empfindungen ausdrücken und darstellen

Bei dieser pantomimischen Spielfolge geht es um das Ausdrücken und Darstellen von Empfindungen. Gespielt wird im Sitzkreis. Nacheinander tritt jeweils eine Gruppe von 3—5 Kindern vor und spielt, was die Erzieherin/Lehrerin angibt.

Beispiele:
Zeigt, wie ihr euch fühlt, wenn ihr
— draußen spielen möchtet und es in Strömen regnet,
— einen großen Hund auf euch zurennen seht,
— am Wochenende euer Zimmer aufräumen sollt und keine Lust habt,
— ein großes Paket bekommt und es auspackt,
— hingefallen seid und euch wehgetan habt,
— mit euren Eltern spielen wollt und sie nicht wollen,
— von einem Freund/einer Freundin zum Geburtstag eingeladen werdet,
— ein Spielzeug in der Werbung gesehen habt, das ihr auch gern hättet.

Nach dem Durchspiel der kurzen Szenen werden die einzelnen Darstellungen mit den Kindern besprochen.

Materialtheater

Material: beliebige Gegenstände (z. B. Zeitung, Handtuch, Bürste, Plastikschüssel, Brottasche, Schulranzen, Kugelschreiber, Buch).

Die Pädagogin zeigt im Stuhlkreis nacheinander einen beliebigen Gegenstand herum. Jedes Kind versucht jetzt pantomimisch darzustellen, was man mit ihm machen kann (z. B. die Zeitung lesen, aufblättern, zerreißen, zusammenfalten, zusammenrollen, zerknüllen, zerschneiden, in Streifen reißen usw.).

Bunte Rollenspielthemen

Material: eventuell Verkleidungskiste.

Für das darstellende Spiel am Montag eignen sich besonders Szenen, die möglichst viele Kinder in das Spielgeschehen aktiv einbeziehen, wie es bei unserem Montagszirkus der Fall ist.

Beispiele:
— Wir spielen Tierpark. Drei bis vier Kinder sind die Besucher, alle anderen spielen verschiedene Tiere.
— Wir spielen ein Märchen. Die Erzieherin/Lehrerin spielt den Handlungsrahmen vor.
— Wer kann andere Kinder zum Lachen bringen, während alle anderen versuchen, ernst zu bleiben?
— Wir sind ein merkwürdiger Chor. Mehrere Kinder singen gleichzeitig verschiedene Lieder. Wer hält bei dieser Katzenmusik Rhythmus und Melodie?
— Drei Kinder spielen als Toreros gegen drei andere in der Rolle von wilden Stieren. Das Publikum feuert an.
— Wer spielt etwas vor, was keiner von den Zuschauern nachspielen kann?
— Eine Riesenraupe wird gebildet. Alle Kinder halten sich an den Händen und führen zu entsprechender Musik einfache Bewegungen aus, die von der Pädagogin vorgegeben werden.

Blick in den Spiegel

In etwa einem Meter Abstand stehen sich die Kinder paarweise frontal gegenüber. Einer der beiden Partner stellt einen Spiegel dar, der andere benutzt den Spiegel und umgekehrt. Der „Spiegel" führt dabei die Bewegungen des Spiegelbenutzers aus. Die Kinder müssen Augenkontakt zum Partner halten und die Bewegungen möglichst langsam ausführen. Die Pädagogin macht den Kindern deutlich, daß beim Spiegelbild rechts und links vertauscht sind.

Pantomimische Kette

Dieses lustige und lebhafte Spiel ist ein echter Klassiker. Vier bis fünf Kinder verlassen den Raum. In der Zwischenzeit einigen sich die anderen auf eine kurze pantomimische Handlung, z. B. ein Mittagessen zuzubereiten (vielleicht eine Pizza zu backen).
Eines der hinausgeschickten Kinder wird hereingeholt. Ein Mitspieler führt ihm die Handlung möglichst genau vor, mit dem Hinweis, daß er dem nächsten, der hereingerufen wird, die Szene genau vorspielen soll. Über den Handlungsvorgang sprechen wir nicht. Das nächste Kind wird hereingerufen und so weiter.

Beispiele: Eine Puppe anziehen, eine Tür streichen, einen Fahrradschlauch flicken, einen Staubsauger zusammensetzen und saugen.

Kartonwelt

Material: mehrere große Möbel-, Waschmaschinen oder Fernseherkartons, Schneidemesser, Klebeband, Schnur, dicke Fasermaler.

Schon beim Spiel mit der „Fernsehkiste" wurde deutlich gemacht, daß Kartons einen hohen Aufforderungschrakter für Kinder haben und viele Anlässe für abwechslungsreiche Spiele im Raum wie auch im Freien bieten:
— Verschieden große Kartons werden in bunter Folge im Turnraum oder auf dem Rasen angeordnet. Die Kinder können hindurchschlüpfen, herumlaufen, drüberspringen, sich verstecken.
— Die Kartons dienen als Kulisse für einen Kaufmannsladen, die Post, als Burg oder ein anderes beliebiges Rollenspiel.
— Aus großen Kartons bauen wir eine lustige Eisenbahn mit Lokomotive, Personen- und Gepäckwagen. Es gibt Zugführer, Schaffner, Bahnhofs-

vorsteher und Fahrgäste. Der Zug kann für viele Stunden als Anlaß für ungezwungene Rollenspiele dienen.

— Gemeinsam errichten die Kinder mit der Pädagogin aus verschieden großen Kartons eine „Kartonstadt" mit Wohnhäusern, Kaufläden, Kindergärten, Kirche und Rathaus. Auch hier lassen sich Impulse für kleine Rollenspiele setzen.

Film ab!

Material: vorbereitete Spielkärtchen.

Die Erzieherin/Lehrerin hat Kärtchen vorbereitet. Je 4 Kinder ziehen die Kärtchen mit derselben Tätigkeit (essen, spielen, Zähne putzen, Auto fahren).
Die Kinder haben jetzt die Aufgabe,
— zu zeigen, wie diese Tätigkeit auf einem Foto bzw. in einem Wachsfigurenkabinett aussieht,
— die Szene als Stummfilm zu spielen,
— jetzt als Tonfilm darzustellen (z. B. auch in Zeitlupe),
— eine Hörspiel-Fassung aufzuführen (z. B. hinter einer Stellwand oder einem Vorhang.

Je nach Alter der Teilnehmer werden die Kärtchen entweder beschriftet oder bebildert.

Dschungelspiel

Kleinere Kinder ahmen gerne Tierbewegungen nach und imitieren gleichzeitig die Tierstimmen. Der Gruppenraum wird zum Dschungel erklärt, in dem sich nunmehr ausschließlich wilde Tiere befinden. Da läuft ein Affe auf Händen und Füßen gleichzeitig, springt, klettert macht einen Zappelhandstand. Der Löwe schleicht geschmeidig auf Händen und Knien umher. Er ist nicht zu hören. Mehrere Schlangen biegen sich und schlängeln am Boden herum. Elefanten trotten laut trompetend herum, Giraffen (Arme lang über den Kopf gestreckt) fressen Blätter von den Bäumen, ein gefräßiges Krokodil lauert im Flußbett und versucht ein Zebra zu schnappen, das sich mit einem Galoppsprung in Sicherheit bringt.
Gemeinsam werden mit den Kindern die Bewegungen und Stimmen weiterer Tiere besprochen und ausprobiert.

Weiterspiel

Material: eventuell Verkleidungskiste.

Für dieses besonders in der Hortgruppe und für größere Grundschulkinder geeignete Spiel teilen wir die Gruppe in zwei Untergruppen auf. Während die eine den Raum verläßt, denkt sich die andere eine Geschichte aus. Dann wird die zweite Gruppe hereingerufen, und die Geschichte wird bis zu einem bestimmten Punkt von der ersten Gruppe gespielt, dann abgebrochen. Die zweite Gruppe spielt die Geschichte zu Ende. Danach erzählt nun die erste Gruppe der zweiten, wie sie sich das Ende vorgestellt hat.

Vor Beginn des Spiels müssen die Spieler der Gruppe 1 die Mitspieler der Gruppe 2 informieren, welche Rollen in dem Spiel zu besetzen sind. Die Rollenbesetzung findet bei beiden Gruppen vor Spielbeginn statt.

7 Malen und bildnerisches Gestalten – Verarbeitung von Fernseherlebnissen und sinnliche Auseinandersetzung mit der Umwelt

Gestaltende Spielformen haben einen hohen Erlebnischarakter. Wahrnehmungen und Empfindungen werden angeregt und intensiviert. Malen und bildnerisches Gestalten bedeuten sinnliche Auseinandersetzung mit der Umwelt, Mitteilen von Gedanken und Gefühlen. Bildnerisches Gestalten stärkt die Äußerungs- und Zuwendungsfähigkeit des Kindes, fördert seine Phantasie und erstreckt sich auch auf das Erkennen, Interpretieren und Beurteilen von Zusammenhängen. Die bildnerischen Spiel- und Gestaltungsformen bieten die Möglichkeit, eine größere Gruppe zu gleicher Zeit in ruhiger Atmosphäre zu beschäftigen.

Ein „Maltisch" sollte in jeder Kindertagesstätte etwas Selbstverständliches sein, und am Montag sollte ein solches Angebot auf jeden Fall bestehen.

Das Nachzeichnen, Nachmalen und Nachgestalten eignet sich in besonderer Weise zur Aufbereitung und Verarbeitung von Fernsehinhalten. Die Ergebnisse sind sehr aufschlußreich. Kinder sind heute einer derart starken Reizüberflutung ausgesetzt, daß sie auch psychisch zu Konsumenten geworden sind und oft in der Formulierung oder Darstellung eigener Aussagen gehindert werden. Kinderbilder reproduzieren heute oftmals Leitfiguren aus Fernsehen, Werbung, Comics und Trickfilmen.

Der Erwachsene sollte sich die Zeit nehmen und unbefangen mit dem Kind über seine Werke sprechen. Dabei wird er immer wieder fasziniert feststellen, welche Gefühle, Erlebnisse und welches Leben in so einem Gespräch zum Ausdruck kommt.

Das bildnerische Gestalten, vom freien Malen bis zur angeleiteten Gestaltungstechnik, hilft Belastungen und Probleme des Kindes zu erkennen und ihm ansatzweise über das gemalte Bild etwas vom bestehenden möglichen Druck zu nehmen. Kindergarten und Hort können dem Kind vielfältige Material- und Werkzeugangebote machen. Beim bildnerischen Gestalten kann sich das einzelne Kind innerlich zurückziehen, sich einen Freiraum schaffen, um seine Phantasien, aber auch Wut und Aggressionen auszuleben.

Zeichnerische Verarbeitung von Fernsehinhalten:
Tagespolitische Themen . . .

(Grundschulkind)

. . . und Faszination des Bösen

Reproduktion von Comic-
und Video-Monstern
(Junge 8 J.)

Tischbemalen erlaubt

Material: glatte Tischunterlage (Resopal oder Wachstuch), Deck-, Plaka- oder Temperafarben, Pinsel, Zeichenpapier oder Tapete bzw. Makulaturpapier.

Spaß am Umgang mit einer nicht alltäglichen Gestaltungsform, Kreativität bei der Motivwahl und Lockerung beim großflächigen Malen stehen im Mittelpunkt eines „Montagsangebotes", bei dem die Kinder nach Herzenslust auf dem Tisch herummalen dürfen. Wo haben sie dazu schon die Möglichkeit, ohne mit dem Groll des Erwachsenen rechnen zu müssen? Solange wir mit Deckfarben arbeiten, können wir die glatten, gut abwaschbaren Tische in Kindergarten, Hort und Grundschule als Farbträger benutzen.

Die Kinder malen ein Motiv auf die Tischunterlage, legen Zeichenpapier auf, verstreichen die Farbe mit dem Handballen und heben dann das Blatt ab. Das Ergebnis ist ein „Einmal-Druck" (Monotypie), der immer seitenverkehrt ist.

In einer ersten Experimentierphase können die Kinder ausprobieren, wie sich die Farbe verhält, wie sie sich mischen läßt und welche Dosierung vorzunehmen ist. In der Gestaltungsphase bieten sich Themen an wie Blumen, Landschaften, Fische, Häuser, Bäume, Phantasiewelten und anderes mehr.

Da der Tisch großflächiges Malen ermöglicht, was dem Bewegungsbedürfnis der Kinder entspricht, können auch Gemeinschaftsarbeiten entstehen. Mehrere Kinder malen zugleich über den Tisch verteilt großflächig eine Figur von ihrem Platz aus auf den Tisch. Ein großes flächendeckendes Papier darübergelegt, mit den Unterarmen oder einer Malerrolle andrücken, und fertig ist das Gemeinschaftsbild.

Bei einer Aktivität wie dieser schließt sich das Konkurrenzverhalten aus. Die Kinder entwickeln hier eher Gemeinschaftssinn und Sozialverhalten.

Weitermalen

Material: Wachsmalstifte, für je 5−6 Kinder einen 1−1$\frac{1}{2}$ qm großen Papierbogen.

Die Erzieherin/Lehrerin bildet Kleingruppen von je 5−6 Kindern. Jede Gruppe erhält Wachsmalstifte und einen Papierbogen in Tischgröße oder, wenn am Boden gespielt wird, einen 1 bis $1^1/_2$ qm großen Papierbogen (Zeitungspapier/Makulaturpapier). Die Kinder teilen mit Hilfe der Erzieherin/Lehrerin den Papierbogen in gleichgroße Felder auf. Jedes Kind hat ein eigenes Feld. Es beginnt nun in seinem Feld ein Bild zu malen. Nach etwa 8 Minuten wechseln alle Mitspieler ihren Platz und malen am Bild ihres rechten Nachbarn weiter. Der jeweils folgende Wechsel geschieht in Abständen von 5 Minuten. Das Malspiel ist beendet, wenn jeder Mitspieler an seinem ursprünglichen Feld wieder angelangt ist.

Das offene Ende macht das Spiel spannend. Am Schluß wird sich zeigen, wie sich durch die Beteiligung aller Mitspieler das Bild gewandelt und die ursprüngliche Idee verändert hat.

Malbahn mit Musik

Material: Tapetenrolle oder Makulaturpapier, pro Teilnehmer 1 Filzstift, Kassettenrecorder oder Schallplattenspieler

Wir stellen mehrere Tische zusammen, so daß eine lange Tafel entsteht und breiten darauf eine Papierbahn aus. Für jedes Kind wird dann ein Filzschreiber bereitgelegt. Auf ein Zeichen der Pädagogin beginnen die Kinder an einer beliebigen Stelle der Papierbahn zu malen. Nach kurzer Zeit setzt die Musik ein, die Kinder legen ihre Stifte hin und gehen um den Tisch. Sobald die Musik wieder aussetzt, malen die einzelnen dort weiter, wo sie gerade stehen. Bei jedem Einsetzen der Musik nimmt die Pädagogin einige Filzschreiber vom Tisch. Setzt die Musik wieder aus, so versuchen die Kinder einen Filzschreiber zu ergattern. Gelingt dies nicht, so scheiden sie aus dem Spiel aus. Das Spiel wird fortgesetzt, bis nur noch 2 oder 3 Kinder übrig bleiben.

Klangbilder

Material: je Kind 1 großer Malbogen (DIN-A-2) oder 1 entsprechend großes Tapetenstück, Kleister (Glutofix), Erdfarben, Wasserfarben, Pinsel, Schuhcreme, alte Gabel, Kamm oder Teigrädchen; Kassettenrecorder oder Schallplattenspieler.

Musik, Rhythmus und Bewegung lassen sich nicht nur im Tanz zum Ausdruck bringen, sondern auch als Form und Farbe empfinden und ausdrücken. Wir können mit den Kindern interessante „Klangbilder" herstellen, in denen Klänge ausgelebt und sichtbar gemacht werden. Hierfür erhält jedes Kind einen großen Malbogen (oder ein Stück von der Tapetenrolle), der mit angerührtem Kleister eingestrichen wird. Als Stimulanz wird vom Kassettenrecorder oder Plattenspieler eine rhythmusbetonte Musik gespielt. Jedes Kind bekommt nun zwei beliebige Erdfarben, die auf der Malunterlage mit den Fingern vermischt und vermalt werden. Dabei überlassen sich die Kinder ganz dem Rhythmus der Musik.

Variationen: Statt Erdfarben werden direkt auf den Kleister mit Wasserfarben Muster oder Streifen gemalt. Nach dem Trocknen kann das Bild mit farbloser Schuhcreme bemalt werden. Es erhält so einen besonderen Glanz.

Das Spiel läßt sich auch mit nur einer Farbe durchführen, wobei mit Kämmen, Gabeln oder Teigrädchen Muster eingesetzt werden.

Selbstbildnisse

Material: mehrere aufstellbare Spiegel, Zeichenpapier, Wachsmalkreiden in möglichst allen Farben, Tuschkästen.

Die Kinder beschäftigen sich bei diesem Malspiel mit ihrem Spiegelbild. Sie betrachten ihr Gesicht, ihre Körperproportionen und ihre Kleidung. Der Schwerpunkt liegt im genauen Betrachten und Wiedergeben des Gesichts.

Alle Kinder sitzen an einem langen Tisch, auf dem für jedes Kind ein Spiegel steht und ein Papierbogen bereitliegt. Die Pädagogin lenkt die Aufmerksamkeit der Kinder auf ihre unterschiedliche Haarfarbe, auf die Augen, die Nase und den Mund. Anschließend erhält jedes Kind genügend Wachsstifte. Unter Zuhilfenahme des Spiegels malen sich nun alle. Am Schluß schauen sich Kinder und Pädagogin die Bilder gemeinsam an und versuchen, die typischen Merkmale eines jeden herauszufinden. Die fertigen Bilder können als „Portrait-Galerie" für einige Zeit den Gruppen- bzw. Klassenraum schmücken, ehe jedes Kind sein Bild mit nach Hause nimmt.

Variation: Statt eines Portraits malen sich die Kinder ganz. Dafür bilden wir Paare. Jeweils ein Kind legt sich auf einen großen Papierbogen (Makulaturpapier oder Tapetenrolle). Das andere zeichnet die Körperumrisse mit Wachsmalkreide oder einem dicken Filzstift. Die Fläche wird vom abgezeichneten Kind mit Wasserfarben ausgemalt. Am Schluß werden die fertigen Bilder gemeinsam betrachtet und besprochen.

Phantasielandschaften- und gebilde

Material: saugfähiges weißes Malpapier, Wasser, Tuschfarben je Kind,
2 Pinsel, Wassergefäße.

Bevor unser Malspiel beginnt, erhält jedes Kind saugfähiges weißes Papier,
Wasser, zwei Pinsel und Tuschfarben. Mit dem in Wasser getauchten Pinsel
wird das Blatt befeuchtet und anschließend mit dem anderen Pinsel mit
Wasserfarben (viel Farbe, wenig Wasser!) direkt bemalt. Bei dieser Naß-
in-Naß-Malerei verschwimmen die Konturen zu sehr reizvollen Motiven.
Die Kinder können ihre Themen frei wählen oder gemeinsam vor Mal-
beginn in der Gruppe festlegen. Alle fertiggestellten Bilder werden zum
Schluß betrachtet und besprochen.
Themenimpulse könnten z. B. sein: Sonnenuntergang, Traumwelt, am
Meer, Unterwasserbilder, Weltraum, Blumenfelder, Fabelwesen, Schmetter-
linge.
Manch' atmosphärisch gelungene Bild kann von der Pädagogin zum
„Aufhänger" für eine kleine Phantasiegeschichte genutzt werden, die sie
gemeinsam mit den Kindern im Stuhlkreis entwickelt.

Großflächige Malereien

Material: Farben in verschiedenen Formen, wie Kreiden, Filzstifte, Wasserfarben, Fingerfarben, selbst angerührte Leimfarben; ausreichend Makulaturpapier, Tapetenrollen und Pappflächen.

Ein Malspaß, der sich auch im Freien realisieren läßt. Auf Bodenflächen
mit einem festen Untergrund bemalen die Kinder gemeinsam mit Wasser-
oder Leimfarben große Papierbahnen.
Themen können sein: „Eine Stadt mit Straßen und Plätzen", „Sommer-
blumen", „Wochenendspaziergang", „Sonntagserlebnisse", „Meine Familie und ich". Farben sollten in ausreichender Menge vorhanden sein. Die
nach freien oder vorgegebenen Themen bemalten Großflächen dienen für
die nächste Zeit als Raum- oder Flurschmuck.

Kopf durch die Wand

Material: große Papierbogen (Makulaturpapier), dicke Filzmalstifte.

Auch heute noch gibt es auf Jahrmärkten das „Kopf-durch-die-Wand"-
Spiel. Dabei muß ein Spieler seinen Kopf durch eine vorgefertigte Kulisse

stecken und wird dann fotografiert. Für unser Spiel spannen wir eine große Papierbahn vor eine Tür. Durch das Loch im Papier steckt ein Kind seinen Kopf, während die anderen Kinder den zum Kopf gehörenden Körper auf das Papier malen. Später läßt sich aus den Bildern eine „Galerie" gestalten. Jeder kann zu seinem Bild noch seinen Kopf malen und ihn dann auf den Körper aufkleben.

Pustebilder

Material: DIN-A-4-Blätter (Schreibpapier), Tusche (verschiedene Farbtöne), Strohhalme.

Ein unterhaltsames Mal- und Interpretationsspiel mit Überraschungseffekten. Je zwei Kinder sitzen am Tisch. Schwachsaugendes Papier und Tuschfarben stehen bereit. Ein oder mehrere Tropfen Tusche werden auf die Mitte des Papiers getropft und vorsichtig mit einem Strohhalm von verschiedenen Seiten verpustet. Es entstehen Figuren mit krakeligen Ausläufen und bizarrem Charakter. An den durch Zufall und Manipulation entstandenen Fabelgebilden, „Blumensträußen", „Kraken" oder „Wäldern" kann man sich erfreuen. Die entstandenen „Werke" bieten Anregung für Interpretationen und Ausdeutungen in der Gruppe.
Wird das Papier vor Malbeginn angefeuchtet, blühen die Farbtropfen aus, und es ergeben sich neue Muster.

Klatschbilder

Material: glatte, wenig saugende Papiere, Deckfarbenkasten, Pinsel, Filzstifte, Scheren, Klebstoff.

Klatschbilder sind ein Spiel mit Farben und Formen, bei dem sich durch das Auftupfen und Aufspritzen der Farbe auf das Papier auch Aggressionen abbauen lassen. Zuerst probieren die Kinder, wieviel Wasser die Farbe enthalten darf, tropfen dann mehrere Farben aufs Papier und verstreichen diese. Es empfehlen sich einige Versuche auf unterschiedlichen Papieren. Nach einer kleinen Experimentierphase gehts richtig los: Jedes Kind faltet einen Papierbogen zur Hälfte und öffnet ihn wieder. Auf eine Seite werden jetzt Farbtropfen gesetzt (auch in die Falte), das Papier wird zusammengefaltet und mit Daumen oder Handballen verstrichen.
Die Kinder freuen sich an den entstandenen Bildern, und die so entstandenen Zufallsergebnisse fordern das kindliche „Suchverhalten" heraus. Die

farbigen Papiere lassen sich auch ausschneiden und zu originellen Collagen verarbeiten. So entstehen Fabelwesen, Schmetterlinge, bizarre Landschaften und Ungeheuer vor dem kindlichen Auge.

Variation: In das Klatschbild lassen sich Konturen einzeichnen.

Mit Comics spielen und gestalten

Material: ausgesuchte Comic-Hefte (z. B. „Micky Maus", „Donald Duck", „Asterix und Obelix", „Tim und Struppi", „Fix und Foxi", „Die Peanuts") Papier im DIN-A-4-Format, Tonpapier, Deckweiß, Scheren, Filzstifte, Klebstoff, Kassettenrecorder, Tapetenrolle.

Die meisten Kinder lesen witzige „Comics". Mit ihnen sollten wir ins Gespräch zu kommen versuchen. Fragen können uns gegenseitig weiterhelfen: „Was findest Du an dieser Gestalt komisch?" — „Kannst Du den Ablauf der Geschichte verfolgen?" „Welche Comic-Figuren magst Du besonders, und was gefällt Dir an ihr?" Diese Fragen können Kindern Geschichten, Gestalten und Unterschiede bewußter machen. Neben der Klärung, welche Motivationen von Comics ausgehen, was Leser so fasziniert, können wir Comics dazu benutzen, daß Kinder selbständig und eigenschöpferisch mit diesem Medium verfahren.
Der reflektierte Umgang mit Comics als einem Medium von mehreren fördert waches Bewußtsein und Kritikfähigkeit beim Kind.

Die folgenden 10 Spiel- und Gestaltungsvorschläge verstehen sich als Angebote für größere Grundschul- und Hortkinder:

1. Figuren und Handlungsmotive werden von den Kindern aus alten Heften herausgeschnitten und zu einer neuen Geschichte zusammengesetzt.
2. Aus benutzten Heften schneiden die Kinder Einzelelemente heraus und verwandeln nach eigenem Belieben die Geschichte. Wo Stücke fehlen, werden sie entweder aus anderen Heften hinzugenommen oder durch eigene zeichnerische Zusätze ergänzt.
3. Comic-Strips-Elemente werden mit anderem Bildmaterial, z. B. aus Illustrierten, Programmzeitschriften oder Versandhauskatalogen vermischt, wobei neue, lustige Effekte zustandekommen.
4. Völlig neue Bildergeschichten werden erfunden, indem Erwachsene und Kinder gemeinsam eigene Ideen ohne Vorlage verwirklichen. Die Kinder zeichnen Figuren und Handlungshintergrund.
5. Mit bekannten Figuren verschiedener Comics werden neue Geschichten erfunden.

6. Pädagogin und Kinder erfinden zum Anfang und Ende einer Comic-Geschichte ein neues Zwischenstück.
7. Die Sprechblasen werden neu formuliert.
8. Pantomimen-Comics erhalten einen Text.
9. Die Comic-Hefte dienen als Dialog-Vorlage für ein Hörspiel. Wer keine Sprecherfunktion hat, übernimmt eine Geräuschrolle. Das „Hörerlebnis" kann besonders aufschlußreich sein und einen guten Ansatz zum Gespräch über Comicinhalte bilden.
10. Auf einer am Boden liegenden großen Tapetenbahn gestalten die Kinder einen Riesen-Comic zu einem zuvor festgelegten Thema. Neben eigenen Zeichnungen und Sprechblasen werden Comicfiguren und andere Bildmaterialien mit „eingebaut".

Montagsmaler

Material: ca. 40 Bogen Papier (oder alte Tapetenbahn), dicke schwarze Filzstifte oder: Tafel und Kreide; ca. 40 vorbereitete Kärtchen mit Begriffen (Abbildungen).

Wie bei einer ehemaligen Fernsehsendung gleichen Namens, geht es auch bei unserem Zeichenspiel zu:
Es werden zwei gleiche große Gruppen gebildet. Jede entsendet einen. Er muß einen Begriff (bei größeren Kindern kann es auch ein Sprichwort sein), der ihm von der Spielleitung zugeflüstert wird, zeichnerisch so darstellen, daß er von seiner Gruppe möglichst schnell erraten wird.
Es werden mehrere Runden gespielt, wobei jeder einmal in der Rolle des Zeichners und des Ratenden sein sollte. Gemalt wird auf einem großen Papierbogen oder an einer Tafel. Die Pädagogin als Spielleiterin stoppt die Zeit, in der die einzelnen Begriffe erraten wurden. Als Ratezeit kann von der Gesamtgruppe vor Spielbeginn z. B. eine Minute für jeden Begriff festgelegt werden. Welche Gruppe löst am schnellsten alle ausgegebenen Begriffe? Der Schwierigkeitsgrad der Aufgaben richtet sich nach der altersmäßigen Zusammensetzung der Teilnehmer.

Murmelmalerei

Material: Plakafarben, Kastendeckel (Schuhkarton, Pralinenschachtel), Glasmurmeln, Zeichenpapier.

Glasmurmeln erfreuen sich bei Kindern großer Beliebtheit. Für unsere Murmelmalerei legen wir ein Zeichenpapier in einen Kastendeckel, geben eine oder mehrere Farben als Klecks darauf, setzen eine Kugel ein und lassen sie rollen.

In einer ersten Experimentierphase können die Kinder verschiedene Farben erproben und an unterschiedlichen Stellen einsetzen (Mitte, Seite, Ecke). In der Gestaltungsphase lautet der Spielauftrag z. B.: Gib die Farben Rot, Gelb und Blau auf dein Blatt im Kasten und lasse die Kugel (es können auch zwei sein) beliebig kreisen. Oder: Ziehe eine Farblinie am Kastenrand und lasse die Kugel immer an den gegenüberliegenden Rand prallen. Je nachdem wie die Kugel geführt wird, entstehen Kreise, Karos, Schraffuren oder Zickzackmuster. Spielspaß, Koordination, Entspannung machen den Spielwert der Murmelmalerei aus.

Überraschungsmaske

Material: je Kind 1 Kartonblatt im DIN-A-3-Format und 1 Filzstift; Gummibänder.

Für diesen Montagsspaß mit Überraschungseffekt bekommen die Kinder Kartonblätter wie eine Maske um den Kopf gebunden. Das Gesicht ist bedeckt. Jeder Spieler erhält nun einen Filzstift, um nach Anweisung der Pädagogin ein Gesicht auf den Karton zu malen. Die zu malenden Gesichtsteile werden in beliebiger Reihenfolge genannt: rechtes Ohr, Mund, Nase, Haare, Zähne, rechtes Auge, linkes Ohr, Bart, linkes Auge, Brille.

Wenn das Gesicht fertig ist, wird es in der Gruppe bewundert. Die „Künstler" werden über ihre Ergebnisse erstaunt sein. (Das Spiel setzt bei den Kindern voraus, die Begriffe „links" und „rechts" richtig zuordnen zu können.)

Gerümpelkunstwerke

Material: siehe Spielbeschreibung.

Entweder hat die Pädagogin zum Montag einen Korb mit allerlei Gerümpel mitgebracht oder sie gibt sich gemeinsam mit den Kindern auf einen Spaziergang, auf dem Naturmaterialien und allerlei Fundstücke gesammelt werden.

Ist das Material vorhanden, werden z. B. aus Teppichresten, Wellpappe, Holzstücken, Flaschen und x-beliebigen anderen Gegenständen „Gerümpelkunstwerke" gebaut. Für die Zusammenfügung der einzelnen Objektteile werden Hilfsmittel wie Draht, Klebeband und, soweit erforderlich, unter Aufsicht Hammer und Nägel benutzt.

Aufgaben könnten z. B. sein:

1. Bau eines Throns: Aus schlichten Stühlen sollen jeweils 3 Kinder einen zu einem phantasievollen Thron umgestalten. Dafür erhält jede Dreier-Gruppe von der Pädagogin Kreppapier, Alufolie, Klebeband und andere Teile aus dem Gerümpelkorb. Nach der Fertigstellung erhält jeder Thron einen Namen.

2. In Gemeinschaftsarbeit wird ein Gerümpelbild angefertigt. Als Materialien dienen alle möglichen Abfallprodukte, Korken, Steine, Dosen, Kronkorken, leere Garnspulen, Styroporreste, Holzstücke, Strohhalme, Stoffreste, Teile aus alten Radios und Weckern und anderes mehr.

Die Kinder werden durch diese Gestaltungsspiele zum konstruktiven, eigenschöpferischen und kooperativen Handeln angeregt. Gleichzeitig können sie ihre Fähigkeiten und Fertigkeiten im bildnerischen, räumlichen und sprachlichen Bereich erproben.

Gemeinsames Material-Gemälde

Material: siehe Spielbeschreibung.

Die Pädagogin legt in die Mitte des Spielkreises folgendes Material aus: Einen großen Bogen Tonpapier, Stoffreste, Prospekte, Zeitungen, Bast, Kordel, Buntpapier, Watte, Strohhalme. Als Hilfsmittel liegen Scheren und Klebstoff bereit. Jedes Kind kann sich vom vorhandenen Material nehmen und phantasievoll auf das Tonpapier kleben. Das nächste setzt das „Werk" seines Vorgängers fort. Ist das Material-Gemälde fertig, sucht die Gruppe gemeinsam einen Namen. Bei diesem Materialspiel muß sich das einzelne Kind auf den anderen einstellen. Gleichzeitig lernt es, Vorgegebenes aufzugreifen und zu erweitern.

Was steckt dahinter?

Material: schwarzes Tonpapier (oder alte Heftumschläge), Bilderbuch bzw. Bildmaterial, Schere.

In ein festes, schwarzes Papier im DIN-A-4-Format schneiden wir drei Löcher (klein, mittel und größer). Das Lochpapier legen wir auf eine Bilderbuchseite, ein Kalenderblatt oder auf ein Illustriertenfoto, so daß nur Ausschnitte des Bildes sichtbar sind. Die Kinder raten jetzt, wozu das sichtbare Detail gehört. Wer richtig geraten hat, darf die nächste Aufgabe stellen. Ein Montagsspiel, das Kindern Spaß bringt, und an dem sich die ganze Gruppe beteiligen kann.

Collagen zu verschiedenen Themen

Material: reichliches Bildmaterial aus Illustrierten, Programmzeitschriften, Kalendern und Zeitungen; verschiedene Geschenkpapiere, gemusterte Tapetenreste; Scheren, Klebstoff, Karton oder Tonpapier im DIN-A-2-Format, Filzmalstifte, Wasserfarben, Pinsel.

Für Collagen (Klebebilder) lassen sich die verschiedensten Materialien verwenden (siehe „Material-Gemälde"). Sie können realistische Motive oder abstrakte Formen und Muster zeigen. Die ausgeschnittenen Bilder werden meist auf Papier oder Karton geklebt. Als Befestigungsunterlage eignen sich aber auch Stoffe, Holz- oder Styroporplatten, z. B. wenn Naturmaterialien verarbeitet werden.

Hier einige „Montagsbeispiele", die sich gut in Kleingruppen von 3 – 4 Kindern verwirklichen lassen:

1. Wir stellen eine Collage unter ein bestimmtes Thema; z. B. Sonntag, Fernsehen, Werbung, Träume, Menschen, Wünsche, Großstadt, Zukunft, Phantasiewelt, Ich selbst, Gefühle, Spaziergang, Natur, Fundsachen, Strand, Märchen. Die Kinder kleben auf einer großen Unterlage Ausschnitte aus Illustrierten und sonstigem Bildmaterial zusammen, verbinden es sinnvoll, neu und originell miteinander. Das Ausreißen der Abbildungen ist manchmal optisch reizvoller und kommt den feinmotorischen Fertigkeiten der kleineren Kinder eher entgegen.
2. Aus realistischen Abbildungen soll ein abstraktes, ein phantastisches Bild gestaltet werden. Die Collage wird zusätzlich bemalt.
3. Zwei Collagen sollen zu einem Thema erstellt werden (Pro + Kontra).
4. Mit Hortkindern gestalten wir aus Bild- und Textelementen verschiedenen Werbeseiten aus Illustrierten und Zeitungen eine Nonsensreklame.

Den Kleingruppen wird für die Fertigstellung der Collagen genügend Zeit gelassen. Die fertigen Ergebnisse werden besprochen und können anschließend als Raumschmuck oder Denkanstoß in Gruppenraum oder Klasse dienen.

"Zusammenfassung" . . .

Ein Kind braucht

Ein Kind braucht seine Ruhe,
die Kleider und die Schuhe,
die Mahlzeit und den Raum,
Wiese, Luft und Baum.

Ein Kind braucht gute Schulen
und auch mal Schlamm zum Suhlen
und oft ein gutes Wort
und Freunde hier und dort.

Ein Kind braucht sehr viel Freude
und gute Nachbarsleute,
Lust auf den nächsten Tag
und jemand, der es mag.

(IRMELA BRENDER 1973)

. . . und mutmachender Ausblick:

„Das Leben macht mir Spaß!"

(Felix, 4; 7 Jahre)

Literaturverzeichnis

Ackermann, P. R./Kappelman, M. M.: Was tun, wenn Kinder schwierig werden? München 1987

Bahrdt, H. P.: Leben mit Kindern — Zehn Briefe über Erziehung. München 1985

Barthelmes, J. u. a.: Kind und Fernsehen. München 1983

Brandt, P./Thiesen, P.: Umwelt spielend entdecken. Ein Arbeitsbuch für Kindergarten, Hort und Grundschule. Weinheim 1991

Braunmühl, E. v.: Zeit für Kinder. Frankfurt a. M. 1978 (1990)

Büttner, C. (Hrsg.): Spielerfahrungen mit Kindern. Frankfurt a. M. 1988

Büttner, C.: Mit aggressiven Kindern leben. Weinheim [2]1989

Dolto, F.: Die ersten fünf Jahre — Alltagsprobleme mit Kindern. Weinheim [6]1989

Dreikurs, R./Soltz, V.: Kinder fordern uns heraus. Stuttgart [13]1981

Dreikurs, R. u. a.: Familienrat. München 1985

Duché, D.-J.: Das Kind in der Familie. Stuttgart 1987

Eurich, C.: Computer-Kinder. Reinbek 1985

Fortbildungsinstitut für die pädagogische Praxis: Bausteine für die Arbeit in Kindergarten und Hort, Bd. 2. Weinheim 1980

Gaier, O. R.: Der Riß geht durch die Kinder. München 1986

Gelberg, H.-J. (Hrsg.): Überall und neben dir. Weinheim [2]1989

Gordon, Th.: Familienkonferenz. Reinbeck 1980

Greenfield, P. M.: Kinder und neue Medien. Weinheim 1987

Grömminger, A.: Kinder wollen lesen. München 1984

Harms, G. u. a.: Kinder und Jugendliche in der Großstadt. Berlin 1985

Hengst, H.: Kinder und Massenmedien. Heidelberg 1981

Kohnstamm, R.: Praktische Kinderpsychologie. Die ersten 7 Jahre. Bern/Stuttgart 1990

Kohnstamm, R.: Praktische Psychologie des Schulkindes. Bern/Stuttgart 1988

Kraft, H.: Autogenes Training. Methodik und Didaktik. Stuttgart 1982

Krempien, C.: 50 Bildnerische Techniken. Ein Arbeitsbuch für Kindergarten, Hort und Grundschule. Weinheim 1991

Kutschke, J.: Die Konsumkinder. Bergisch Gladbach 1990

Lempp, R.: Familie im Umbruch. München 1986

Misseldine, W. H.: In dir lebt das Kind, das du warst. Stuttgart [6]1987

Nissen, G. (Hrsg.): Therapeutische Probleme bei psychomotorisch unruhigen Kindern. Stuttgart 1983

Paperts, S.: Mindstorms: Kinder, Computer und neues Lernen. Reinbek 1985

Pietrowicz, B.: Auffällige Kinder. Bochum [13]1981

Postman, N.: Wir amüsieren uns zu Tode. Frankfurt a. M. 1985

Postman, N.: Das Verschwinden der Kindheit. Frankfurt a. M. 1983
Prekop, J.: Der kleine Tyrann — Welchen Halt brauchen Kinder? München 1988
Prokop, D.: Faszination und Langeweile. Stuttgart 1979
Richter, H.-E.: Patient Familie. Reinbek ⁶1976
Rogge, J.-U.: Heidi, Pac Man und die Video-Zombies. Reinbek 1985
Rolff, H. G./Zimmermann, P.: Kindheit im Wandel. Eine Einführung in die Sozialisation im Kindesalter. Weinheim 1985
Schürmann-Mock, I.: Mit Kindern in die Zukunft. München 1987
Schulz von Thun, F.: Miteinander reden: Störungen und Klärungen. Reinbek 1981
Seifert, Th./Waiblinger, A. (Hrsg.): Therapie und Selbsterfahrung. Stuttgart 1986
Spitz, R. A.: Vom Dialog — Studien über den Ursprung der menschlichen Kommunikation und ihrer Rolle in der Persönlichkeitsbildung. München 1985
Thiesen, P.: Der öffentliche Spielplatz — Symbol einer einfallslosen Erwachsenenwelt? in „Animation". Hannover 12/1981
Thiesen, P./Cornils, V.: Handbuch Jugendarbeit. München 1981
Thiesen, P.: Animation zum kreativen Spielen. In „Animation". Hannover 4/1982
Thiesen, P.: Arbeitsbuch Spiel — Für die Praxis in Kindergarten, Hort, Heim und Kindergruppe. Köln/München ⁵1991
Thiesen, P.: Kreatives Spiel mit Kindern, Jugendlichen und Erwachsenen. Praxisbuch. München ²1989
Thiesen, P.: Die gezielte Beschäftigung im Kindergarten. Vorbereitung — Durchführung — Auswertung. Freiburg ⁵1991
Thiesen, P.: Schönwetterspiele im Kindergarten. Praxis des Spiels im Freien mit 3 — 6jährigen. Freiburg ²1990
Thiesen, P.: Drauflosspieltheater. Ein Spiel und Ideenbuch für Kindergruppen, Hort, Schule, Jugendarbeit und Erwachsenenbildung – mit über 350 Spielanregungen. Weinheim 2000
Thiesen, P.: Konzentrationsspiele für Kindergarten und Hort. Lebendige Förderung ohne Dressur und Streß. Feiburg 1990
Thiesen, P.: Sozialpädagogik lehren. Kleines Kompendium des Unterrichts an Ausbildungsstätten für Sozialpädagogik/Sozialarbeit. Weinheim 1991
Thiesen, P.: Klassische Kinderspiele. Weinheim 2000
Thiesen, P.: Mit allen Sinnen spielen. ²1997
Thiesen, P.: Himmel, Hölle & Co. Die schönsten Hof-, Platz-, Straßen-, Garten-, Wiesen-Spiele für Kindergarten, Schule und Familie. Weinheim ²1999
Thiesen, P.: Schnupfnasen und Dauerlutscher. 240 originelle Spiele für jeden Tag im Kindergartenjahr. Weinheim 2000
Toman, W.: Familienkonstellation. Ihr Einfluß auf den Menschen. München ⁴1987
Turkle, S.: Die Wunschmaschine. Reinbek 1984
Volpert, W.: Zauberlehrlinge — Die gefährliche Liebe zum Computer. Weinheim 1985
Winn, M.: Die Droge im Wohnzimmer. Reinbek 1979
Winnikot, D. W.: Reifungsprozesse und fördernde Umwelt. Frankfurt a. M. 1984
Zuschlag, B./Thielke, W.: Konfliktsituationen im Alltag. Stuttgart 1989

Die Gedichte von Hanna Hanisch (S. 19), Nicolas Born (S. 33) und Hans Adolf Halbey (S. 55) stammen aus dem Buch „Überall und neben dir. Gedichte für Kinder". Hrsg. von H.-J. Gelberg. Beltz & Gelberg, Weinheim ²1989.
Das Gedicht von Irmela Brender (S. 149) stammt aus dem Buch von Günther Stiller und Irmela Brender „STREIT-Buch für Kinder". Beltz & Gelberg, Weinheim 1973.
Der Autor dankt für die freundlich erteilte Abdruckerlaubnis.

Phantasie und Kreativität

Peter Thiesen

Kartonwelten, Kuhkunst und Klangtunnel

SPIELEWERKSTATT

Kreative Spiele für die Arbeit mit Kindern, Jugendlichen und Erwachsenen

BELTZ
Taschenbuch

Papier und Pappe, Karton und Krimskrams, da muss man doch einfach was draus machen! Video-kamera, Fotoapperat, Kassetten-rekorder, auch die fordern gerade-zu heraus. Material und Medien kitzeln die Kreativität. Und je variabler und weniger verarbeitet ein Material ist, desto stärker regt es die Phantasie an, desto vielfältigere Erfahrungen und Fertigkeiten lassen sich spielerisch erwerben. Hier sind 170 Vor-schläge für originelle und ungewöhnliche Spiele mit Kindern und Erwachsenen. Spiele, die das Denken und die Gefühle berei-chern, die Vorstellungskraft und den Erfahrungshorizont erwei-tern, die spannende Auseinandersetzung mit der Umwelt bieten.

Peter Thiesen
Kartonwelten, Kuhkunst und Klangtunnel
Kreative Spiele für die Arbeit mit Kindern,
Jugendlichen und Erwachsenen
Mit Illustrationen von Barbara Hömberg
Beltz Taschenbuch 10, 112 Seiten
ISBN 3 407 22010 3
Originalausgabe

BELTZ Taschenbuch

Spielerisch die Welt erkunden

Petra Brandt · Peter Thiesen

**Umwelt
spielend entdecken**

SPIELEWERKSTATT

EIN SPIEL- UND IDEENBUCH FÜR
KINDERGARTEN, SCHULE UND FAMILIE

BELTZ
Taschenbuch

**Die Umwelt ist die Quelle aller Eindrük-
ke, die auf das Kind einwirken.** Sie ist
der beständigste Lernanreiz und übt
eine unglaubliche Anziehungskraft auf
das Kind aus. Petra Brandt und Peter
Thiesen erläutern Grundlagen, Vor-
aussetzungen und ein didaktisches Konzept für eine durchdachte
Umwelterziehung in Kindergarten, Hort und Grundschule. Ein
Praxisteil, gegliedert in sieben »Entdekkungstouren«, enthält mehr als
300 Spiele, Rätsel, Experimente, Basteltips, Rezepte und Anregungen für
Ausflüge und Aktionen. Der übersichtliche Aufbau nach einem einheit-
lichen Schema, ausführliche didaktische Hinweise, Sachinformationen
und die Formulierung von Lernzielen machen dieses Buch zu einem
echten Praxisbuch für Lehrer und Erzieherinnen.

Petra Brandt • Peter Thiesen
Umwelt spielend entdecken
Ein Spiel- und Ideenbuch für Kindergarten,
Schule und Familie
Mit Zeichnungen von Matthias Brandt
Beltz Taschenbuch 34, 203 Seiten
ISBN 3 407 22034 0

BELTZ
Taschenbuch

Kinder verstehen

Dieter Baacke

DIE 6-12 JÄHRIGEN

PÄDAGOGIK

EINFÜHRUNG IN DIE
PROBLEME DES KINDESALTERS

BELTZ
Taschenbuch

Kinder zwischen sechs und zwölf Jahren, – Schulkinder, Medienkinder, Kinder zu Hause und auf der Straße, spielend und lernend, kreativ, emotional, neugierig, manchmal schwierig. Wir wissen einiges über sie, und doch ist es kaum möglich, einen ganzheitlichen Begriff von Kindheit zu bekommen und Kindern wirklich angemessen zu begegnen. Indem wir das eine hervorheben, schotten wir manches andere ab. Dieter Baacke fügt unter pädagogischen Gesichtspunkten zusammen, was es an Aussagen und Wissen über die Kindheit gibt: informierend, lebendig, manchmal erzählend. Sein Buch hilft Eltern und Pädagogen, Kinder zu verstehen und unbefangen zu erziehen.

Dieter Baacke
Die 6-12jährigen
Einführung in die Probleme des Kindesalters
Beltz Taschenbuch 5, 437 Seiten
ISBN 3 407 22005 7

BELTZ Taschenbuch

Kindliche Lernfähigkeit entfalten

John Holt

Kinder lernen selbstständig

ODER GAR NICHT(S)

BELTZ Taschenbuch

John Holts Buch gilt als Klassiker der Reformpädagogik. Basierend auf seinen langjährigen Erfahrungen als Lehrer und seiner geradezu genialen Verhaltensbeobachtung von Kindern entwickelt er sein Lern- und Erziehungsmodell und seine Kritik am bestehenden Schulsystem. An vielen Beispielen stellt er dar, wie seiner Meinung nach ein Unterricht aussehen müßte, der die Lernfähigkeit der jungen Schüler auch auf unkonventionelle Weise zur Entfaltung bringt. Seine Unterrichtsvorschläge setzen dabei auf Selbständigkeit, Spontaneität und den eigenen, nahezu unerschöpflichen Wissensdurst der Kinder.

John Holt gilt als Wegbereiter einer Pädagogik, die von der Weltsicht des Kindes ausgeht. Wie auch in diesem Buch hat er Zeit seines Lebens die emotionale Intelligenz der Kinder in den Vordergrund gestellt, ohne die keine wirklichen Lernerfolge erzielt werden können. Der amerikanische »Lehrer-Philosoph« (Ute Andresen) hat sich immer wieder gegen starre Erziehungsprinzipien gewandt ohne einem anti-autoritären Habitus das Wort
zu reden.

John Holt
Kinder lernen selbständig
oder gar nicht(s)
In neuer Rechtschreibung
Beltz Taschenbuch 9, 304 Seiten
ISBN 3 407 22009 X

BELTZ Taschenbuch

Iris Mann

Lernen können ja alle Leute

PÄDAGOGIK

Lesen-, Rechnen-, Schreibenlernen
mit der Tätigkeitstheorie

BELTZ
Taschenbuch

Schlechte Schüler gibt es nicht

Lernen ist kein linearer Prozeß, sondern entwickelt sich in qualitativen Sprüngen. Iris Mann vertritt die These, daß es keine schlechten Schüler mehr gibt, wenn man im Unterricht von den Entwicklungsstufen der Schüler ausgeht und die jeweils nächste Stufe gezielt ansteuert. Ihre »Tätigkeitstheorie« erklärt das Scheitern und die Lernerfolge von Schülern: Der Mensch lernt nur Theorie und Praxis umfassend zu durchdringen, also zu verstehen, wenn Sinnesorgane, Bewegungsorgane und Denkprozesse in der Tätigkeit mit Objekten gleichzeitig und gemeinsam ausgebildet werden. Dem entsprechen die Lernstufen Motivation, Orientierung, Handlung mit Gegenständen, bildhafte Darstellung der Handlung, lautsprachliche Darstellung der Handlung und gedankliche Erarbeitung der Handlung.

Anhand von vielen Beispielen aus der Arbeit mit Behinderten in einem Modellversuch erfahren Lehrer, wie sie die Lösungswege ihrer Schüler beobachten und verstehen können. Und wie sie ihren Unterricht so organisieren, daß Lernprozesse störungsfrei und erfolgreich verlaufen.

Iris Mann
Lernen können ja alle Leute
Lesen, Rechnen-, Schreibenlernen mit
der Tätigkeitstheorie
Beltz Taschenbuch 29, 203 Seiten
ISBN 3 407 22029 4

BELTZ
Taschenbuch